SOM & PAUSA

VOZES DA CENA CONTEMPORÂNEA CARIOCA

curadoria Fabiane Pereira

1ª edição, 2015, Rio de Janeiro

GUARDA·CHUVA

Aos meus pais, Elcio e Olga, que sempre deram linha à minha pipa e aos meus sonhos; ao meu irmão Elcio Pereira, por ser meu grande companheiro e amor nesta vida; aos meus amigos, que entendem minha ausência física em períodos dedicados completamente a algum projeto; a todos os artistas e produtores presentes neste livro, por confiarem em mim e dedicarem parte do seu tempo para contribuir musical e afetivamente com ele, fazendo deste um verdadeiro projeto coletivo. Finalmente, em especial, ao meu querido amigo, pesquisador musical e grande companheiro de ideais Miguel Jost – sem sua preciosa ajuda e seu grande incentivo este projeto não teria acontecido.

AGRADECIMENTOS

A toda equipe da rádio MPB FM, que me faz crescer, pessoal e profissionalmente, a cada dia. A Ariane Carvalho, pelo incentivo e confiança de sempre. A Viviane Groisman e ao Luciano Gomes que, loucos e visionários (rs), me "deram" um programa na rádio mais legal da cidade, que me permite divulgar exclusivamente os trabalhos de músicos contemporâneos e faz de mim a locutora mais feliz. Às grandes parceiras Alice Galeffi e Luiza Vilela, da editora Guarda-Chuva, que desde o início compraram a minha ideia e me ajudaram a produzir este material (sem elas este livro perderia muito do seu charme). A Paula Gicovate, que indiretamente me fez chegar à editora Guarda-Chuva e me abriu um mundo de possibilidades. Aos inúmeros artistas que fazem parte desta cena musical contemporânea carioca, e que por falta de espaço e pelo recorte do conteúdo não estão presentes neste livro, mas são presentes na vida cultural e musical da cidade. Aos cinquenta parceiros de sonhos e arte que aceitaram meu convite e contribuíram para este projeto literário/coletivo, e aos fotógrafos que cederam, gratuitamente, todas as imagens deste livro, meu MUITO OBRIGADA!

APRESENTAÇÃO

Som & Pausa é um livro que propõe uma diversidade de olhares, vozes, perspectivas, sentidos, intuições, na procura de compreender as forças que constituem o contemporâneo dentro da produção musical do Rio de Janeiro. Por um recorte que reúne, além de um grande número de artistas e criadores, nomes atuantes do meio como produtores, jornalistas, pesquisadores, provocadores, entre outros que atravessam essa cena, o livro revela-se uma imagem-escrita-som em movimento. Não mais o movimento do artigo definido maiúsculo que aponta em termos restritos uma estética e uma ética do seu tempo e da música produzida nele, mas o movimento como um processo, como um estado de deslocamento e de transformação. Os textos em forma de pequenos relatos, que vão do confessional ao fabulador, passando por parábolas, pela autoficção, por microensaios críticos, homenagens, entre outras abordagens, oferecem muitas chaves de leitura para a escolha do leitor sobre o que o afeta e configura o *seu* contemporâneo.

O que chama atenção diante a leitura dos textos em conjunto é, mais do que qualquer definição ou determinação sobre as marcas estéticas deste contemporâneo, uma clara percepção de que algo pulsa no desejo de criar um espaço e um tempo que permitam a inclusão de todos aqueles que expressam inquietude em relação ao ato de criar (e colocar em circulação) a música numa cidade ao mesmo saturada e cheia de seus *por fazeres*.

O Rio de Janeiro vitrine que existiu no século XX não é mais o centro do jogo, da atuação e do desejo destes agentes. Todos sabem que é necessário reinventar a cidade, e recriar *as formas de estar juntos*. Isso se expressa também na produção cultural e no que se poderia entender como noção de comunidade musical. A noção de comum hoje muitas vezes se expressa na "falta de": falta de um mercado com suas regras definidas, de investimentos, de políticas públicas para área da cultura, de espaços de shows, de importância dos meios de comunicação tradicionais que já fomentaram a cena, de renumeração, de estratégias de circulação e de tantas outras faltas.

O que apontam muitos dos textos aqui reunidos, mesmo que em alguns casos de forma tangencial e indireta, é que é necessário e urgente criar uma noção de comum que seja de composição das forças atuantes e inventivas. Que o comum seja a aproximação das novas (e outras) formas de fazer e pensar música, mas também uma (re)existência dos espaços geográficos que constituam nossa noção de cidade. Não é mais possível a compreensão de que o espaço de vitalidade cultural do Rio de Janeiro seja em volta de uma Lagoa que fica entre a praia e o maciço da Tijuca. Assim como não é mais possível que uma forma específica da canção brasileira, como formatada no século XX, seja ainda a referência central para a produção musical atual. Estar disponível para pensar e criar esta outra cidade-canção parece uma premissa básica de todos aqui. É preciso ler o som, é preciso escutar o texto, é preciso estar atento ao debate.

—

O trabalho de criar antologias, propor coletâneas, reunir olhares sob um ponto de vista cronológico geracional, e assim recortar o espaço da produção cultural através de uma curadoria de nomes da cena musical, é, antes de um ato de conclusão, uma abertura para que se tente atravessar e entender determinado tempo histórico.

Uma antologia de textos e personagens como esta pensada pela jornalista Fabiane Pereira não tem como ideia central criar uma interpretação fechada do que está acontecendo com a sua geração. É, neste sentido, mais uma contribuição, uma peça para quem quiser montar o quebra-cabeça da produção cultural da virada do milênio e do início do século XXI. Não estão todos os personagens aqui, e nem caberiam. O que o leitor encontrará é um "framecoração", brincando com a expressão cunhada pela cantora paulista Tulipa Ruiz, resultado de escolhas subjetivas e afetivas da organizadora do livro. Não há uma tentativa ou a pretensão de reunir os melhores, os mais fundamentais ou os mais destacados da cena musical. A ideia é construir um retrato que possa fazer parte do álbum "geração". Álbum este que será composto de discos, de vídeos, de fotos, de entrevistas, de documentários, de depoimentos residuais em comentários e posts de redes sociais, de outros livros, de outras coletâneas e antologias como esta, e ainda muitas de outras *escritas-inscrições* que serão impressas nele. Nesse sentido, ***Som & Pausa*** é só uma presente e futura porta de entrada, dentre muitas outras possíveis, para quem quiser experimentar um pouco do que se sente (ou sentiu) nesses últimos anos.

Miguel Jost
é pesquisador musical e professor da PUC-Rio.

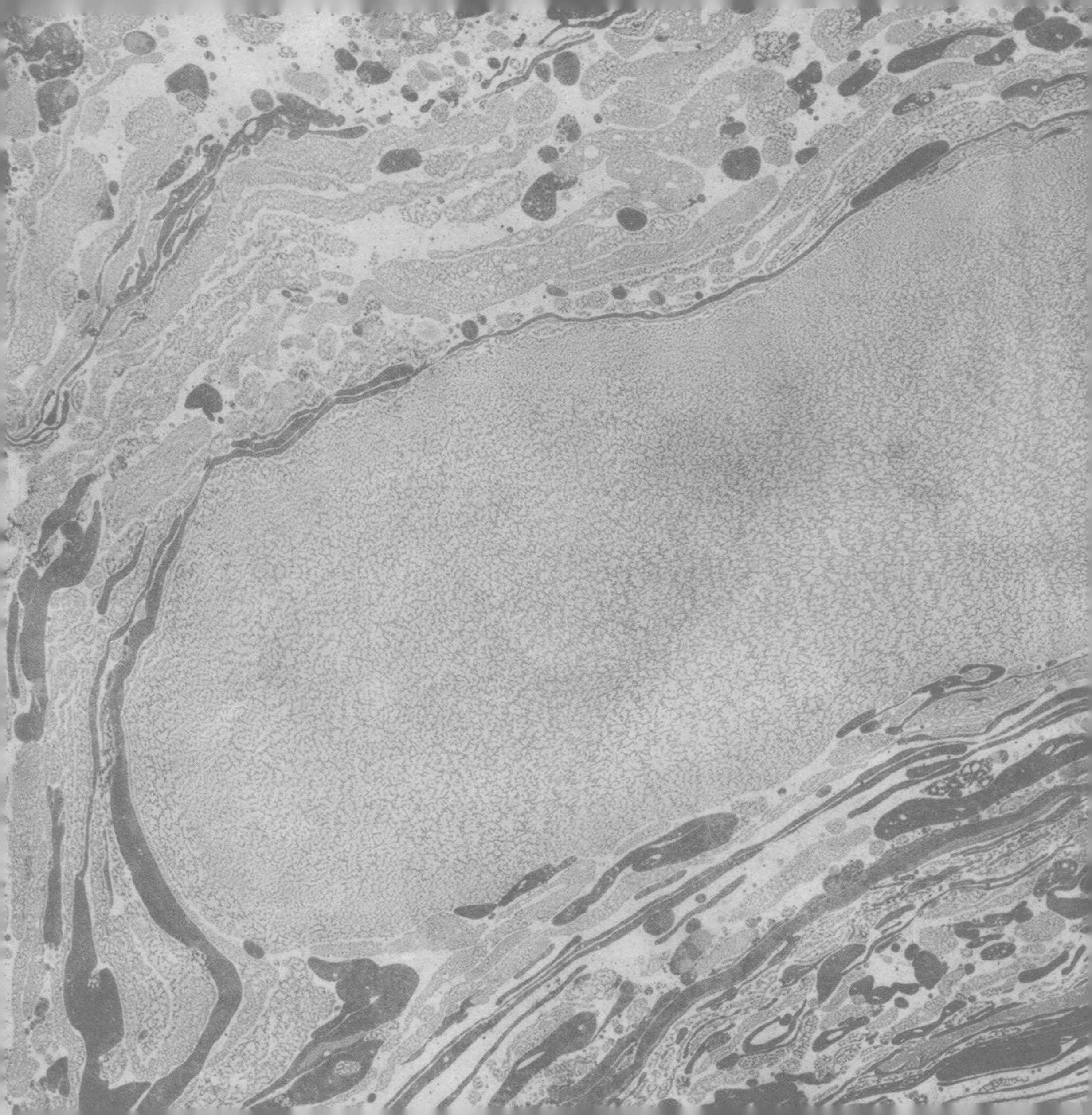

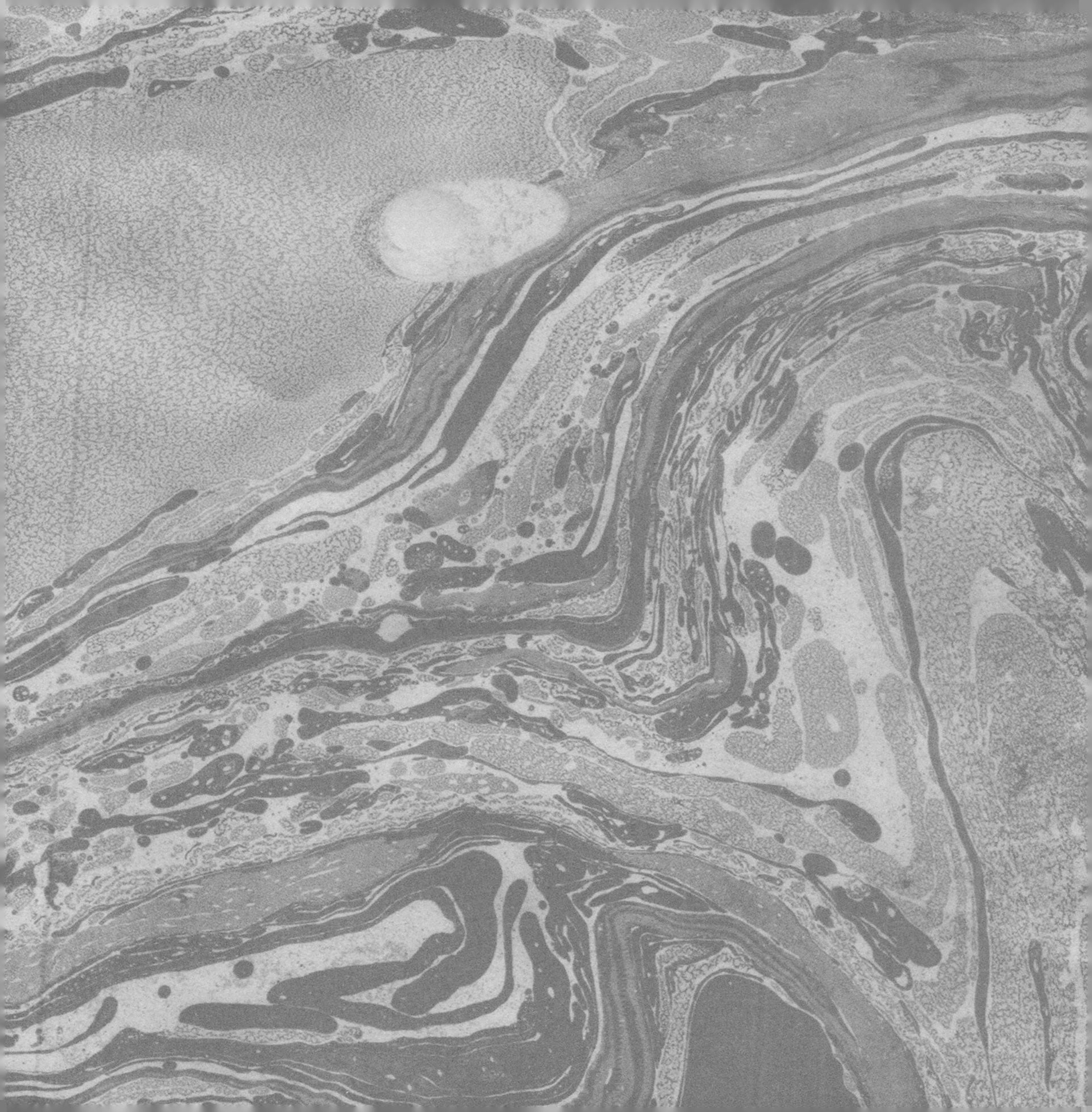

LADO A

As expressões "Lado A" e "Lado B" são associadas ao mercado fonográfico, especialmente aos discos de vinil, desde as primeiras décadas do século passado. Mas, em ***Som & Pausa***, a reunião de pessoas que vivem *da e para a* música começa no início deste século. Estamos no Rio de Janeiro, meados da década de 1990 e início dos anos 2000, e uma boa turma começa a produzir, a se associar, a fazer um som e a fomentar tanto o público quanto os artistas, criando uma cena que se tornaria muito importante para a música brasileira na década seguinte.

Nomes como Léo Feijó, Lucas Santtana, Plínio Profeta, Rodrigo Amarante, Fred Coelho, Domenico Lancellotti, Daniel Castanheira, BNegão, Jam da Silva, Érika Martins, Bernardo Oliveira e vários outros fazem parte de uma geração que gosta de MPB, mas que não precisa se voltar contra ídolos da música popular brasileira para se afirmar e conquistar seu espaço, como aconteceu com muitos artistas em outras décadas. Ao contrário: apesar de massacradamente influenciados pela cultura pop, esta geração colocou a mão na massa, contribuindo para fortalecer um cenário musical criativo e extremamente ativo e deixando como legado a disseminação de uma música idealizada e produzida em solo carioca.

A banda Los Hermanos e as casas de shows Cinemathèque e Teatro Odisseia, ambas idealizadas por Léo Feijó, são apenas alguns exemplos pontuais que influenciaram e ajudaram a formar a cena musical carioca que hoje conhecemos. *Duvido* que alguém desta geração não tenha se emocionado e/ou se deixado influenciar por alguma canção dos artistas presentes neste livro. E que atire a primeira pedra quem não curtiu muito um show no Cinemathèque. Passar em frente à saudosa casa de shows em Botafogo é relembrar o surgimento de artistas que hoje têm uma carreira consolidada, mas que começaram sua história musical por lá, regada a chope barato e experimentações sonoras. Muitos também começaram a se interessar, a entender e a fazer música dentro das universidades.

E vários destes nomes que hoje formam a chamada "neo-MPB" foram impulsionados por aqueles (os citados acima e outros tantos) que, desde antes da virada do século, travam uma batalha diária pelo respeito, entendimento, disseminação e qualidade de cada acorde.

Fabiane Pereira

BNEGÃO

UM dos mais representativos nomes do hip-hop carioca e um dos fundadores e vocalistas da banda Planet Hemp. O cantor e compositor também já foi líder da banda The Funk Funkers e há mais de dez anos se dedica ao projeto BNegão & Seletores de Frequência, que mistura rap, rock, hardcore, dub e funk.

SOM SALVA

Meu gosto por música, originalmente, vem da alegria e do sol interno que ela me traz. Sempre gostei de cantarolar e sempre senti a música dentro de mim. Essa é a relação. Uma conexão que vai além do que hoje virou minha profissão. É um amor que independe de todo o resto. Ele existe, forte, e ponto final.

Um dos maiores elogios que já recebi na vida, feito por um grande mestre da música brasileira, foi o seguinte. Numa conversa com um amigo, comentando sobre esse meu amor, esse camarada falou (e depois me contou, feliz): "Ele gosta muito de música." E a resposta veio de bate-pronto: "E a música também gosta muito dele."

Minha ligação com a música é completamente intuitiva; permanece assim até hoje.

Já fiz mais de quarenta composições sem saber o nome de uma nota sequer (ok, do Mi eu tô sabendo), e isso não me impediu de cantar com alguns dos maiores nomes da música brasileira e mundial e de ser por eles aceito, dentro desse universo maior, como alguém que pode contribuir sonoramente. Sonora e energeticamente. Sim, porque a música é energia, e esse é o meu ponto máximo de conexão.

Fluir dentro da música é uma grande felicidade, e um grande prazer. E o momento é sempre único, mesmo que pareça igual para outras pessoas. Essa é uma das magias disso tudo.

Essa forma de ver e viver a música já me levou a lugares inimagináveis em vários continentes deste nosso planeta, e quase sempre com uma comunicação quente e afetiva, energética, que independe da língua em que o som foi cantado. Por essas e outras que se diz que a música é a linguagem universal. Ao longo dos meus vinte e poucos anos como músico profissional pude comprovar a veracidade dessa tese.

Existe uma frase, cunhada por amigos de geração, da qual eu gosto muito e com que me identifico: "Só som salva". Eu não concordo com o "só", mas enfim, que salva, SALVA. E eu sou uma das milhares de provas vivas disso. Namastê.

BERNARDO OLIVEIRA

PROFESSOR de filosofia na faculdade de educação da UFRJ, crítico de música e pesquisador. É coprodutor do Quintavant, evento de música experimental que acontece na Audio Rebel, e editor do blog colaborativo Matéria. Publicou *Tom Zé - estudando o samba* pela Editora Cobogó.

REVOLUTION OF THE MIND

para Leonardo Martinelli (in memorian) e Augusto de Campos

no início do século passado,
béla bártok se encantou pelos clusters
do norte-americano henry cowell,
livres das amarras que obrigavam
os compositores europeus a atrelarem-se
ao dodecafonismo
ou à segunda escola de viena.
pouco antes, debussy tocou
"impressões pianísticas"
das ruas de paris.

aracy de almeida tomava seus chopes
vestida de cowboy
criou inimizade com ary barroso e assis valente
entre uma e outra gíria,
inventou o canto brasileiro
na periferia do capitalismo.
no estácio,
há alguns minutos dali,
ismael silva esticava o couro do gato
para criar o tamborim.

dispondo de equipamentos rudimentares
e do poder da palavra
os racionais introduziram a periferia globalizada
no mapa da cultura brasileira.
como o subcomandante marcos
(oculto em chiapas,
mascarado)
anunciaram "a guerra".
a guerra é o estado do que é contemporâneo,
pois o contemporâneo
como diz guilherme vaz
é uma bola que rola no asfalto
veloz arruaça de sangue,
delírio e fumaça.

DANIEL CASTANHEIRA

MÚSICO, produtor e artista sonoro, membro do coletivo Hapax, com diversos festivais e exposições, como Art.Mov (Belo Horizonte, 2008/Belém, 2010), Transitantes, no Centro de Artes Hélio Oiticica (Rio de Janeiro, 2009), e Tensionar, na MdM Gallery (Paris, 2013). Foi membro do grupo AVA de 2008 a 2012, com o qual lançou o álbum *Diurno*, e também contribuiu com Botika no álbum *Picolé da cabeça*, em 2014. Graduado em filosofia e mestre em literatura (2009) pela PUC-Rio, e doutorando em letras na mesma instituição com a pesquisa "Narrativas Sonoras – Poéticas Sônicas". Daniel também foi professor substituto do Instituto de Artes da UERJ (2009-2012) e atualmente leciona no curso de artes cênicas da PUC-Rio.

PARA AUGUSTO

Ouvi por aí a seguinte história verídica: um malandro tá de madrugada na fila da boca de fumo de alguma beira de morro da Zona Sul, esperando pra pegar um Fome Zero. O de cinco – mais barato. Atrás dele um velho. Na frente uma travesti, primeira da fila. Chega um menino minutos depois e entrega o pó pra morena, que vai saindo. Outro menino soldado, mais atrás, vem se aproximando na performance do fuzil. Dobra a cabeça pra colar o ombro no pescoço e fala meio injuriado, mas não sem ternura: "Na moral, falar uma parada pra tu aqui. Tu tem que ter mais respeito. Tá vendo que tá cheio de criança aí brincando não?! Então... vem mais aqui vestido assim não... na moral." A trava guarda o papel no vestido, dá um sorriso amarelo e pede desculpas de fininho. A fila anda.

É legítimo entender as dinâmicas culturais como agenciamentos do comum. Daí as controversas noções de comunidade. Tramas de trocas; regimes de partilha. No Rio de Janeiro, a precariedade é a liga de todas elas; o sintoma constitui seus marcos, suas vias de resistência. A comunidade musical segue e reconfigura os vértices. Nunca antes se fez tanta música. Gêneros e pós-gêneros ganham força ao mesmo tempo em que perdem espaço na cidade. Artistas, produtores, crítica e público arredondam o quadrado. Se confundem nas quebradas. Uns frequentam, uns insistem, uns travestem, outros controlam. Todos consomem. E a fila anda.

DANIEL LOPES

MÚSICO, compositor, produtor e publicitário. Na música, integrou o grupo Reverse, nos anos 2000, e atualmente é da banda Les Pops. Lançou três discos solo e já tocou com Leoni, Moska e Lia Sabugosa. No cinema, trabalhou nas trilhas sonoras de vários longas. É um dos sócios da produtora publicitária Silence, e ganhou o Leão de Prata na categoria Rádio no Cannes Lions 2014.

É, SIM!

Já se vai ao longe o tempo em que música de sucesso era a que atingia as massas. Hoje o sucesso é efêmero, o importante é fazer. E é assim que a música é feita pela maioria dos cariocas, com suor e afeto, de nós para nós mesmos, ou pra quem quiser.

Eu não quero a bunda da Rihanna, eu quero a voz de Lia Sabugosa. Eu não quero a marra do Jay Z, eu quero o baixo de Jorge Ailton. Eu não quero o mala do Roberto Carlos, eu quero a poesia insana dos bardos daqui.

E é bem assim mesmo, cada um sabe de si, cada um escuta o seu, cada um faz sua playlist.

Eu sempre fui independente, mesmo na época em que havia gravadoras (e não só o espectro pálido delas). Vi minha música tocar na rádio sem jabá na época do jabá. Vi Leoni bombar Brasil afora nos anos 2000, contra todas as expectativas, e viajei ao lado dele como se viaja em foguetes. Vi muitas coisas que me deram a certeza de que a música boa é aquela que se faz porque a alma bota pra fora, e não pelo que ela pode trazer de visibilidade. E é assim no Rio hoje... nossa música salpica os blogs, os faces, as nuvens sonoras e seus streamings, os pequenos palcos, as janelas das rádios, os clipes de baixo orçamento... É, nós estamos aí, nós estamos aqui, somos muitos, somos diversos, somos de praia ou de concreto, basta alguém querer ouvir.

Nós somos uma penca de DJs, nós somos Wladimir Gasper, somos Leonardo Carvalho, nós somos os cantores de musicais que também lançam discos. Nós somos músicos que trocam de gigs como trocam de roupa e também fazem seus discos solo. Nós somos infindáveis cantoras. Nós somos tanta gente... Somos uma pequena estrela bailando entre a colisão de Via Láctea e Andrômeda, tudo no nosso micromacrocosmo do Rio de Janeiro.

Nós somos a lista amiga, embora às vezes inimiga. Nós somos a velha corrida contra o tempo, e vale a briga. Somos o Pão e o Circo que voa pra desaguar numa sinuca da Lapa. Somos a Barra e uma nave espacial de concreto que ainda não decolou.

Somos feitos de samba ainda que nem se goste e se toque rock, não é? É, sim.

DOMENICO LANCELLOTTI

CANTOR, violonista, percussionista e baterista. Nascido no Rio, o músico é filho do compositor Ivor Lancellotti e cresceu influenciado pelo ritmo do samba. É um dos mais atuantes colaboradores da cena musical contemporânea e atualmente participa de vários projetos, com destaque para Os Ritmistas (NR/Dubas), a Orquestra Imperial e +2 (este último com Moreno e Kassin).

SANTOS

"Agogô é um instrumento do caralho!" – falou o Preto Velho com os olhos cobertos por cataratas.

E quase não havia mais brilho naqueles olhos. A palavra "caralho" também não soou mal, era uma interjeição sincera e vinha de uma pessoa que inspirava santidade.

Ela não soube se era com ela ou não. Não vendo reação, o velho se aproximou e perguntou se ela escutava a música que tocava na aparelhagem de som.

"Sim."

Era música brasileira de tambor; muitos instrumentos de sopro desenhavam sobre a superfície rítmica as melodias que se multiplicavam em linhas de diferentes timbres, linhas que se entrelaçavam amorosamente e pareciam vir de antigos lamentos ou de uma mente inchada de sons. No entanto, essa superfície rítmica parecia também ser pura melodia, e o contrabaixo era o Exu, justo o intermediário dos mundos.

A música não só dominava o ambiente como também o transformava numa espécie de ar-condicionado colorido.

Ela nunca soube que a música tinha tal poder. E, maravilhada, conseguiu depois de alguns minutos de perplexidade se exprimir: "Linda!"

O velho disse: "Nesse caso, veja você, tudo partiu do agogô. Partiu da ladainha de duas notas tiradas do ferro, todas as outras vieram atendendo a esse chamado dos anjos, ou dos santos que estão por perto."

Agogô é mesmo um instrumento do caralho!

ÉRIKA MARTINS

EX-VOCALISTA do grupo Penélope, indicada aos prêmios Grammy Latino, VMB e Multishow. Tem seis discos lançados (três em carreira solo) e cantou em duetos com Arnaldo Antunes, Erasmo Carlos, Julieta Venegas e Raimundos. Com Herbert Vianna, gravou "In Between Days", do The Cure. É também a voz feminina do grupo Lafayette & os Tremendões e idealizadora e apresentadora do projeto Chuveiro in Concert.

MEMORABÍLIA

Refaço toda a minha vida só pensando na trilha de cada momento. E aqui me refiz, me recriei e me achei. Não me encontrava mais em nenhuma imagem do passado, e foi difícil entender que era só me libertar de tantos "eus" passados. Entendi quando compus a última faixa para o meu *Modinhas*, "Memorabília", e veio de uma só vez, rápida e simples.

"... a gente escolhe, a vida passa. Não sei viver sem você, mas dá. Não sei viver com você. Mergulho nas lembranças, acho graça, não me reconheço em ninguém que eu fui... um filtro sépia me embaça.

Procuro em mim outra pessoa, todo esforço é à toa. Então, vamos fazer um trato, se cobrar menos... assim é mais fácil.

Mesmo tão distante, minha memorabília.

Ando em círculo, roda-gigante

Memorabília..."

A Bahia continua tão forte em mim, mas o Rio de Janeiro chegou leve e me libertou...

FRED COELHO

PESQUISADOR, ensaísta, colunista do jornal *O Globo*, doutor em literatura pela PUC-Rio e mestre em história pelo IFCS/UFRJ. Participa como pesquisador associado do Núcleo de Estudos em Literatura e Música (NELIM) da PUC-Rio. Em 2010 publicou o ensaio *Eu, brasileiro, confesso minha culpa e meu pecado* pela editora Civilização Brasileira.

SONORIDADES EM MOVIMENTO

Não existe uma música "carioca", mas existe, sem dúvida, um território que amarra, recorta, localiza e expande o trabalho dos músicos que circulam pela cidade. Em um *travelling* por esse território, vemos em grande angular que as tradições estão em movimento (bossa, canção, rock) e, simultaneamente, a invenção de novas frentes sonoras nos mostra que ainda nem começamos. Como força-motor de vitalidade e sagacidade, grau zero do novo, o funk não deixa nada parado, continua vivendo em permanente transformação provocativa, conquistando espaços e internacionalizando nossa música mais popular. Ainda podemos ver/ouvir também o samba quente e transgressor dos pagodes de mesa nos subúrbios e os novos compositores das rodas da cidade, os pedais, sintetizadores e MPCs que maquinam e aprofundam de forma tenaz informações, performances e questionamentos que inauguram outros tempos possíveis; o dub e o afrobeat como formas naturais de sonoridades cariocas, as festas continuando como espaços estratégicos de ação, a rua precisando cada vez mais ser ocupada pela falta de palcos, a demanda coletiva pela reinvenção de formatos institucionais. E assim as parcerias se fazem necessárias, os estúdios caseiros explodem, os blogs e a rede conseguem dar atenção crítica e atuar no dia a dia musical da cidade. Uma música que abraça o amor e a raiva, o pop e o horror, o passinho e a melancolia, do Lins de Vasconcelos ao Jardim Botânico, da Lapa ao Prazeres, de Botafogo ao Andaraí, Do Alemão ao Humaitá, da praia ao porto.

GABRIEL MUZAK

CANTOR, guitarrista e compositor carioca. Já foi integrante das bandas Funk Fuckers, Seletores de Frequência, Dubom e Rockz e lançou há pouco seu segundo disco solo, *Quero ver dançar agora*. O disco é uma evolução da busca multissônica iniciada em *Bossa nômade*, seu primeiro álbum. Além de discos, também faz trilha sonora para filmes.

LÍNGUA MÚSICA

A palavra é uma forma de música. Quem fala emite frequências assim como quem canta imprime o ritmo de sua fala e se movimenta no tempo e no espaço por meio de suas palavras. Antes de saber exatamente o som e o significado das palavras ditas pelos pais, qualquer bebê balbucia e experimenta os próprios sons, canta suas canções com os fonemas que vai descobrindo pelos seus sentidos livres, batuca seu berço e se inspira com seus móbiles e chocalhos.

Toda língua tem regras ortográficas, semânticas e gramaticais. Da mesma forma a música necessita também das suas referências. Aí alguém tem uma ideia: dividir as frequências sônicas em certo número de notas, batizar e edificar teorias, explicar as combinações e sequências harmônicas e melódicas e seus usos, as divisões do tempo em tipos distintos de contagem, colocar a arte em seus padrões. Mas em ambos os casos (língua e música) há algo vivo que simplesmente prescinde da escola clássica para existir, algo que simplesmente acontece. A musicalidade está na natureza como o dom da palavra está na espécie humana.

Estudo é bom, mas dom é dom. Viva a vida própria da língua música!

JAM DA SILVA

NASCEU em Recife. Cruzar fronteiras culturais, geográficas e estéticas traduz um pouco o espírito da música que o artista vem construindo. Esse sincretismo cultural, por vezes, acontece no Rio de Janeiro. Parceiro de inúmeros artistas dessa cena carioca, Jam contribui pra música com sua educação baseada no tambor e instrumentos de percussão. Com o DJ Dolores, montou a Orchestra Santa Massa, cujo álbum *Contraditório?* ganhou o prêmio de melhor disco de Word Music da BBC Awards, em 2002. Também já colaborou com diversos artistas mundo afora. Tem dois discos solo lançados, *Dia santo* (2008) e *Nord* (2014).

O RIO ME CHAMOU COMO UMA CORRENTEZA

Cheguei ao Rio de Janeiro em 2004 para gravar as baterias no disco da banda F.UR.T.O a ideia era ficar um mês, mas fui ficando. Nessa época, morei um tempo na casa do Marcelo Yuka e ele me mostrou um Rio instigante e cheio de vida. Fui a lugares incríveis e os encontros só foram aumentando. Durante a mixagem do disco, conheci o Chico Neves, que algum tempo depois seria parceiro na produção do meu primeiro disco. Ele me apresentou uma cidade de sons e criatividade musical e me levou a incontáveis gravações que produziu. Entre as lembranças, as gravações na casa do Milton Nascimento e uma sessão com o amigo Lucas Santtana no Jardim Botânico. Passamos a madrugada gravando no parque e o som do violão dele se misturava aos sons dos animais ao nosso redor. Me lembro de ter voltado para casa renovado.

A cada dia, sentia que a energia e a leveza do lugar não somente me encantavam, mas também me acolhiam. Influenciado pela cidade, compus "Samba devagar" na contramão dos sambas cada vez mais acelerados. Mal comecei a conhecer a "malandragem" carioca e já estava morando na casa de quem melhor cantou esse jeito de ser: Bezerra da Silva. Vivi sete anos em um apartamento que foi dele – e, por coincidência, ele também era pernambucano. A bênção do Bezerra trouxe sorte e a casa foi virando ponto de encontro de muitos músicos que estavam de passagem e, claro, de cariocas. A sala do apê virou uma eterna *jam session*.

A ginga e calor das ruas da cidade, as pessoas se encontrando, a proximidade com a natureza, tudo isso é fonte de inspiração. Alguns personagens especiais, como o simpático dono da loja de pianos da rua Arnaldo Quintela, 106, que me deixava tocar por horas, também me abriram horizontes e mostraram outras belezas do Rio. Essa terra que respira música e concentra uma grandeza artística criada por gente nascida nela e por gente que nela está. Fiz muitos amigos e a eles agradeço por tantas vivências alegres nos mais diversos "Rios".

JORGE LZ

PESQUISADOR musical, produtor e apresentador do programa Geleia Moderna (Rádio Roquette-Pinto), curador do projeto Levada Oi Futuro, no Oi Futuro, e idealizador do Festival BRio.

RIO DE MUITOS SONS

Sinto-me privilegiado por estar em contato com uma cena musical que vive um momento espetacular. A música no Rio de Janeiro ferve e multiplicam-se os bons trabalhos. O que mais impressiona é a diversidade de estilos, a originalidade e a enorme qualidade dos músicos. E tudo isso está sendo feito aqui mesmo, por cariocas não só nascidos no Rio, mas em todo o Brasil.

O espaço destinado à divulgação dos novos nomes ainda é pequeno, daí meu orgulho de há seis anos comandar, ao lado do DJ Brant, o Geleia Moderna, que serve de canal para o escoamento dessa produção.

Muito se fala do que foi feito nos anos 1960 e 1970. Mas isso não invalida nem diminui o que nossos artistas fazem hoje em dia. Eles compreenderam bem o passado e agora dão um passo à frente, mostrando que a nossa fonte musical é inesgotável.

LENCINHO

TRABALHA no departamento de comunicação do Circo Voador, programando os shows de abertura e procurando sempre dar espaço a artistas da nova cena. Também é produtor de projetos voltados para a música contemporânea, e ainda é o DJ oficial da lona mais famosa do Brasil.

GARIMPO

Era aniversário de uma estudante da FACHA, no Recreio, Zona Oeste do Rio de Janeiro. Uma van parou e aquele bando de músicos desceu. Além das marchinhas, começaram a tocar versões de clássicos pop. Eu não sabia, mas estava assistindo a uma das primeiras apresentações da Orquestra Voadora.

Era uma quinta daquelas em que você sai do trabalho mas não consegue ir pra casa. Bar um, bar dois, entreato no isopor, bar três e este terceiro era praticamente em frente a um sobrado da Lapa – o Tico Taco. Uma amiga me convenceu a entrar. E, naquela noite, naquele sobrado, eu vi um dos shows de rock mais viscerais da minha vida: os Vulcânicos.

Era um evento para arrecadar dinheiro para um festival hippie. Foi numa daquelas casas na Lapa que muda de nome/dono toda hora. Aquele jovem de blusa desabotoada até quase a barriga começou seus versos dizendo que "baiano não nasce, baiano estreia". E, visivelmente, aquele som dividiu o salão. Naquele dia eu aprendi que, goste ou não, o som do Negro Leo é marcante para quem assiste a uma performance sua!

Quando acontece uma situação como essas eu me sinto o Indiana Jones diante do templo da Perdição (e viva a Perdição!), o escafandrista da música do Chico, o garimpeiro do tesouro de Sierra Madre. É quando você se depara com algo legítimo que está ali em situação adversa ou precária, cativando com o que tem de melhor a oferecer: sua música!

Aí eu penso: imagina isso no palco do Circo Voador! E começa meu trabalho, seja bolando festivais, seja no ouvido de um programador para uma abertura acontecer! Fico feliz de ter acertado bastante até aqui!

LÉO FEIJÓ

JORNALISTA, empreendedor e também foi um dos mais atuantes produtores culturais dos anos 1990 e da primeira década dos anos 2000. Foi idealizador e sócio do saudoso Cinemathèque, casa de shows de pequeno porte responsável pelo lançamento de inúmeros artistas e bandas presentes neste livro. Também é sócio-fundador do Grupo Matriz e atualmente coordena o curso de Música & Negócios na PUC-Rio.

CINEMATHÈQUE: UMA RESIDÊNCIA ARTÍSTICA

Qual é a dimensão de um pequeno palco para a música autoral? É possível marcar uma geração em três anos? Entre 2007 e 2010, a Cinemathèque foi residência da música contemporânea no Rio. Um modelo a ser replicado, ampliando o mercado e criando novos hábitos culturais.

"De domingo a domingo, a noite caía e a casa ficava cheia, quando não lotada. Na varanda, no bar e no segundo andar, recebia gente de tudo que é tipo: faixa etária, classe social, gênero e, principalmente, cabeças com as mais variadas inclinações musicais", escreveu Luiz Felipe Reis no jornal *O Globo*. "A Cinemathèque vai calar seus falantes, depois de se tornar um dos mais importantes e ecléticos polos irradiadores de cultura do Rio", concluiu.

Foi um encantamento com Ava, Nina Becker, Rubinho Jacobina, Qinho, Jonas Sá, Os Outros, Do Amor, Fino Coletivo, Mallu Magalhães, Tiê e Maria Gadú. Brasov, Letuce, Silvia Machete, Krieger, Maranhão, Thais Gulin, Jam da Silva, Maurício Barros, Autoramas, Wander Wildner, Lenine, Arnaldo Antunes, Hyldon e Caetano. Mart'nália, Marcos Valle, Profeta, Domingos Oliveira e outros.

Em 2010, após temporada com Os The Three Amigos (Liminha, Dadi e Luie), Liminha me deixou um recado. "Léo, me liga. Quero mais uma temporada." Abalado, jamais retornei. Quem sabe agora? Só falta o palco. Até breve, Cinemathèque.

LUCAS SANTTANA

CANTOR, compositor e multi-instrumentista. Seus instrumentos são a guitarra e o violão, mas também toca flauta transversa, baixo e cavaquinho. Tem cinco discos lançados e está em turnê com seu álbum mais recente, *Sobre noites e dias*.

O SOM, O SILÊNCIO E OS FUNDAMENTOS

Podemos dividir a música em dois opostos: o som e o silêncio. Ou destrinchá-la em: ritmo, harmonia, melodia, volume, plano, ruído etc. Chamo esse segundo grupo de "fundamentos da música", ou seja, aquilo que dá sustentação à casa. Todas as músicas do mundo são feitas com esses fundamentos, o que as diferencia e o que nos leva a classificá-las em estilos musicais é justamente a maneira como eles, ou alguns deles, foram combinados: se tal música será mais distorcida ou não, se terá mais grave ou não, se tal instrumento ocupará um lugar de destaque ou de coadjuvante etc.

São essas escolhas estéticas, conscientes ou não, que continuam determinando os estilos musicais. Além, é claro, do ambiente socioeconômico-cultural ao redor, como explicou muito bem José Miguel Wisnik no seu livro *O Som e o Sentido*.

Portanto, ouvir dub, música clássica, MPB, jazz ou ambient music e compreender que todos eles trazem interceções entre si, simplesmente pelo fato de usarem os mesmos fundamentos (cada um à sua maneira), nos faz entender que qualquer estilo pode ser combinado com outro. E a partir disso outras edificações podem ser construídas.

Música é como arquitetura, música é muito parecido com culinária.

Música é, acima de tudo, um corpo vibrando no espaço.

Ora sonoro, ora grávido de silêncio.

O som e a pausa.

PLÍNIO PROFETA

PRODUTOR, DJ, compositor e músico multi-instrumentista. Foi um dos sócios do extinto Studio RJ, casa de shows conhecida por ter sido bastante frequentada por bandas e artistas do circuito musical contemporâneo. Atualmente também é um dos mais respeitados compositores de trilha sonora para cinema.

OS DESDOBRAMENTOS DA MÚSICA EM MIM

Escrever sobre a música no Rio de Janeiro é um pouco como escrever sobre a minha vida. Desde que me entendo por gente, vivo a música aqui na cidade onde nasci. Minhas memórias se confundem com momentos musicais: ainda era criança quando roubava o violão da minha irmã. Um pouco mais tarde, já adolescente, enquanto meus amigos de escola iam surfar, eu ia ensaiar com meus colegas da banda ou estudar música. Nunca tive dúvidas. Queria viver de música aqui no Rio de Janeiro. Dentro desse universo, participei de todos os cenários possíveis. Músico viajante, dono de casa de shows, produtor musical de artistas, compositor de trilhas para cinema. Minha escolha de criança nunca teve volta. A música me levou para fora do Brasil e me trouxe de volta para o Rio. Continua guiando meus passos, e assim será para sempre...

Encontrei inúmeros parceiros na jornada. Os artistas com quem trabalhei formam minha rede profissional e de amizade: Pedro Luis, Lucas Santtanna, Selton Mello, Marcelo D2, Fernanda Abreu, Tiê, Zé Ricardo, O Rappa, Sandra de Sá, Lenine, Katia B, Jesuton. E a lista continua.

Hoje posso dizer com orgulho que vivo e respiro música aqui no Rio de Janeiro. Que sorte.

SILVIA MACHETE

CANTORA, compositora, malabarista e artista performática. Carioca, começou sua carreira como artista de circo e *street performer*, morou na Europa e em Nova York e participou dos maiores festivais de arte de rua. Lançou quatro CDs e dois DVDs, ganhando o prêmio de melhor show da APCA (Associação Paulista de Críticos de Artes) em 2010 por *Extravaganza*. Entre suas parcerias estão grandes nomes da música brasileira, como Erasmo Carlos e Rubinho Jacobina.

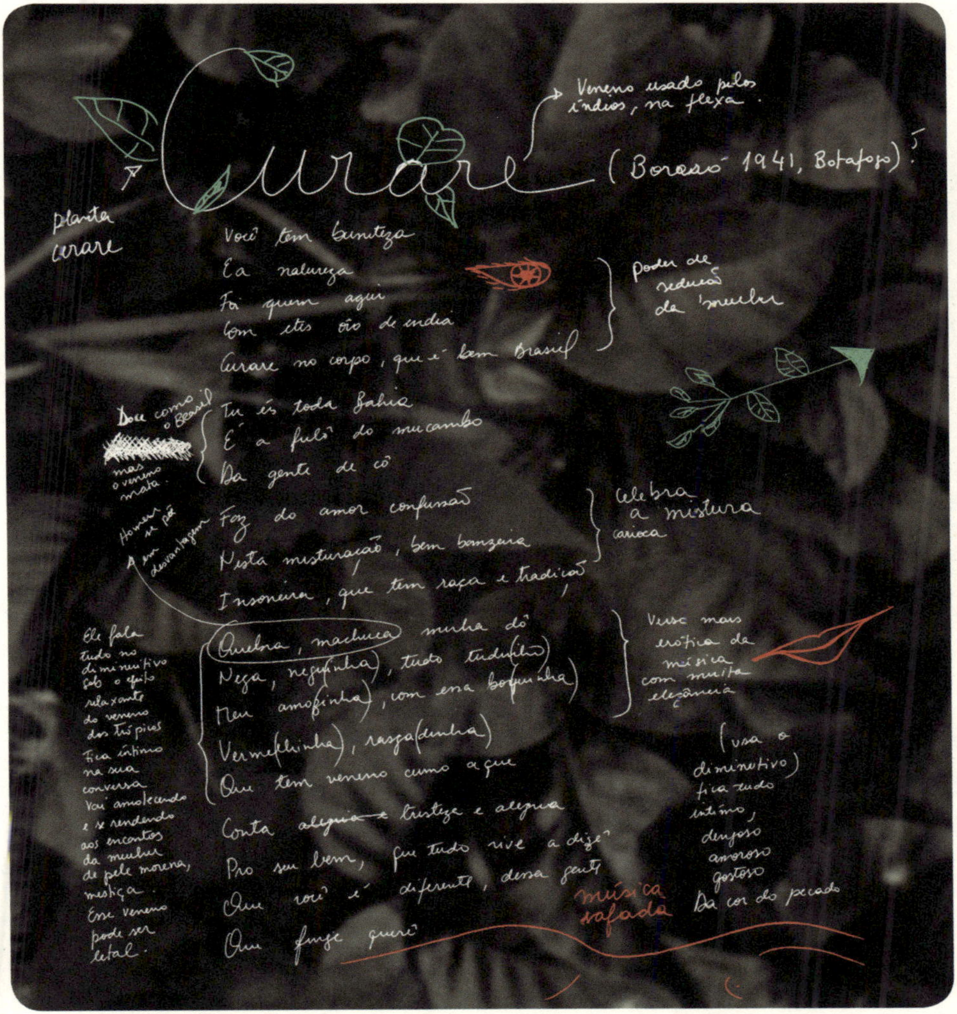
Veneno usado pelos índios, na flexa.
Curare
(Bororó 1941, Botafogo)
planta curare
Você tem boniteza
E a natureza
Foi quem agui
Com esses óio de índia
Curare no corpo, que é bem Brasil
poder de sedução da mulher
Sou como o Brasil
mas o veneno mata.
Tu és toda Bahia
É a fulô do mucambo
Da gente de cô
Faz do amor confusão
Nesta misturação, bem bonzeira
Insoneira, que tem raça e tradição
Celebra a mistura carioca
Homem se põe em desvantagem
Quebra, machuca muita dô
Nega, neguinha, tudo tudinho
Meu amorzinho, com essa boquinha
Vermelhinha, rasgadinha
Que tem veneno como a que
Versos mais eróticos da música com muita elegância
Ele fala tudo no diminutivo sob o efeito relaxante do veneno dos trópicos
Fica íntimo na sua conversa
Vai amolecendo e se rendendo aos encantos da mulher de pele morena, mestiça.
Esse veneno pode ser letal.
(usa o diminutivo) fica tudo íntimo, dengoso amoroso gostoso
Da cor do pecado
Conta tristeza e alegria
Pro seu bem, que tudo vive a dizê
Que você é diferente, dessa gente
Que finge querê
música safada

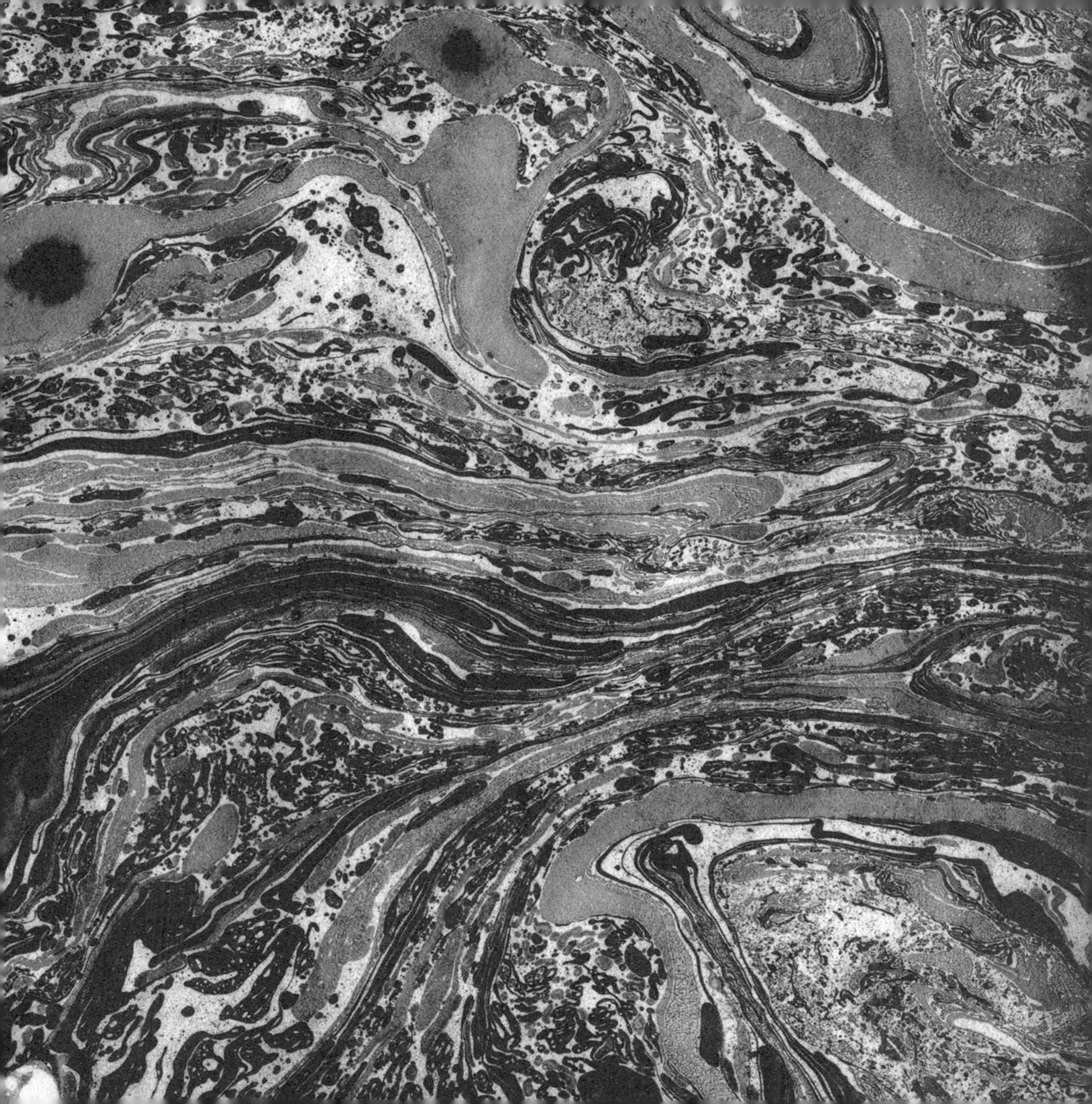

LADO B

A geração de músicos que surgiu após a virada deste século foi batizada com muitos nomes. De "neo-MPB" a "nova cena", passando por tantos outros. Para não ser injusta, vou me referir a essa "turma" como artistas que produzem música contemporânea (de qualidade, diga-se de passagem, embora este seja um conceito relativo). É difícil descrever sem uma análise mais profunda os processos de transformação que a música brasileira vem sofrendo. A conexão, o relacionamento com o público e com o mercado mudaram completamente num curtíssimo espaço de tempo.

Paralelamente, estamos numa época em que se consome música como nunca, mas de maneiras diferentes. Estamos restabelecendo novos caminhos para viabilizá-la comercialmente, fazendo-a chegar ao público de diferentes formas.

As relações entre o artista e seu público se estreitaram nos últimos anos graças à disseminação dos meios técnicos informacionais, que conectam todos em qualquer lugar. Gravadoras perderam sua força como validadoras de qualidade (curadoria), e toda uma geração de artistas está sobrevivendo – produzindo música e caindo na estrada – com a ajuda (quase) exclusiva de seu público.

Claro que continuam (e continuarão) existindo pessoas que exercem a função de curadores, ditando e editando nomes e listas, tanto para a grande mídia quanto para gravadoras e projetos patrocinados por grandes marcas, mas quem fomenta e dissemina a cena musical contemporânea é a mídia independente e o público que vai aos shows, que participa de crowdfundings e que compartilha os conteúdos cada vez mais exclusivos destes artistas.

No Lado B do ***Som & Pausa*** procuro fazer um recorte desta geração de vinte e trinta e poucos anos, que atua, com frequência, no Rio de Janeiro, indicando nomes que somam e provocam o intercâmbio criativo para a reconstrução de possibilidades mais assertivas neste novo modelo de negócio musical. A intenção é dialogar com o público (incluindo, claro, as pessoas que participam deste livro) sem a necessidade de rótulos ou a imposição de categorias predeterminadas. O mix de nomes e de influências sonoras presentes aqui prova que a cena contemporânea que representa a música popular brasileira do século XXI está mais produtiva e híbrida do que em muitas fases anteriores.

Fabiane Pereira

ALICE CAYMMI

CANTORA e compositora. Em 2014, lançou seu primeiro disco, *Rainha dos raios*, e conquistou a crítica especializada de todo Brasil

SER GENEROSO

Eu tenho uma história consistente com a música e as artes no geral, por conta do meu círculo familiar, mas sempre penso que isso é apenas um começo, um *start*, para o que podemos e queremos fazer e produzir. Ouço muito a terrível afirmação "tá no sangue". Será que ninguém percebe que essa frase destitui um ser humano de todo o mérito pelo seu trabalho? Se a habilidade já viesse comigo, tudo que eu deveria fazer seria esperar que ela se manifestasse.

Mas não, arte não é só talento, nem genética. É um trabalho absurdo. Tento desde pequena acompanhar assuntos relacionados à arte, como exposições, shows e peças. Tive uma boa educação artística. Aí então comecei a realmente circular pelo ambiente profissional da música e do teatro. E percebi que não é só ter talento, genética e dedicação, mas também ser gentil e generoso com todo mundo, desde a faxineira até o diretor, passando pelo mendigo que fica na porta do teatro. Ser artista é ser generoso o tempo inteiro, desde o momento em que você sobe no palco até a recepção dos fãs. Não vou tentar definir aqui exatamente "o que é ser artista", mas na prática e no dia a dia, nos pequenos detalhes, a gente vai aprendendo.

Às vezes as pessoas lhe têm como arrogante pelo simples fato de você aparecer na televisão uma vez ou algo assim. Depois vem a violência e a degradação. Começa com os *haters* e, se você ganha uma visibilidade muito grande, os *haters* da grande mídia te pegam. Aí você não quer sair de casa nem pra dar "oi" pro padeiro. Besteira. Saia. Que se dane.

Apesar de tentar escrever aqui sobre som e pausa, acabei percebendo que não há muita pausa. Na real, não me lembro de em momento algum interromper esse fluxo maluco. Mesmo de férias, o olhar sobre as coisas, as pessoas, é um olhar criativo. Não conseguimos muito parar de produzir, nem que sejam meios pensamentos. Nem que sejam músicas e textos ruins. Ninguém sai impune do mundo artístico. Você vive assolado pelo grande fantasma da "opinião"; mas quando você percebe que ele é apenas um jogo de luz e sombra, você afasta a fumaça e percebe seu próprio reflexo no espelho. E é sempre um jogo de autopercepção. A gente nunca passa impune por nossos conteúdos sentimentais ou corporais. Seu corpo está exposto, sua mente está exposta e é um caminho sem volta. Uma vez visto, visto está!

Acho que de "som e fúria" passamos para "ruído e violência". Tempos modernos. Ou contemporâneos. Ou seriam pós-modernos?

ALVINHO LANCELLOTTI

CANTOR e compositor. Lançou seu primeiro disco solo, *O tempo faz a gente ter esses encantos*, em 2012, e se prepara para lançar seu segundo álbum em 2015. Filho de compositor sambista, o artista passou a infância entre a nata do samba e, na adolescência, acompanhou de perto o trabalho do irmão Domênico. Integrante da banda Fino Coletivo, ele mostra que a música está muito além do DNA.

O LEME

Aprendi a reconhecer os dias da semana pelos sons que vinham da rua. Quando acordava sem saber que dia era, eu brincava de tentar identificá-lo pelo som.

Reconhecer os sons, de onde vêm, fazer melodia, arranjo, letra... o que vi fazerem em minha casa foi escola. Descobri isso em mim não tem muito tempo. Na verdade sigo descobrindo ainda. Ando fazendo o que vi muita gente boa fazer. Não por isso eu faço. Faço porque compor me preenche os espaços. Mesmo tendo ciência de alguns caminhos, apreendidos em casa, para se construir uma canção, aceito que não tenho controle sobre o momento de compor. É o momento que me escolhe. A melodia está em algum lugar do espaço. Quanto mais próximo desse lugar eu for, mais bonita é a melodia que virá. Quando o canal se fecha não há composição.

Tenho de esperar.

Enquanto espero, vou ouvindo a rua: o amolador de facas estragando facas e amolando os ouvidos; as buzinas irritadas; o alarme de saída da garagem tocando mais que o de costume; o pulmão do vendedor de vassoura; o escape da panela de pressão... esses são os sons de uma sexta-feira de manhã. Pelo menos a sexta-feira lá do Leme, onde aprendi desde que nasci, com meu pai e meu irmão, a ir buscar o som.

AMORA PÊRA

NASCEU no Rio em 1981. Estreou no teatro com *Elas por elas*, peça que a fez viajar o país. Aos 15 anos formou a banda Chicas com as amigas Paula, Isadora e Fernanda, com quem lançou dois discos e um DVD. A banda prepara seu próximo álbum, *Dia útil*. Colaborou com Marcelo Yuka, Qinho, Monica Besser, Djangos e muitos outros. Lançou seu primeiro livro, *Saudade de mim a gente*, pela cArtonerA cArAAtApA, editora de livros artesanais pela qual é responsável, em parceria com o poeta Pedro Rocha. Seu primeiro álbum solo está previsto para 2015.

POEMA SOBRE PAUTA EM 1/TODOS

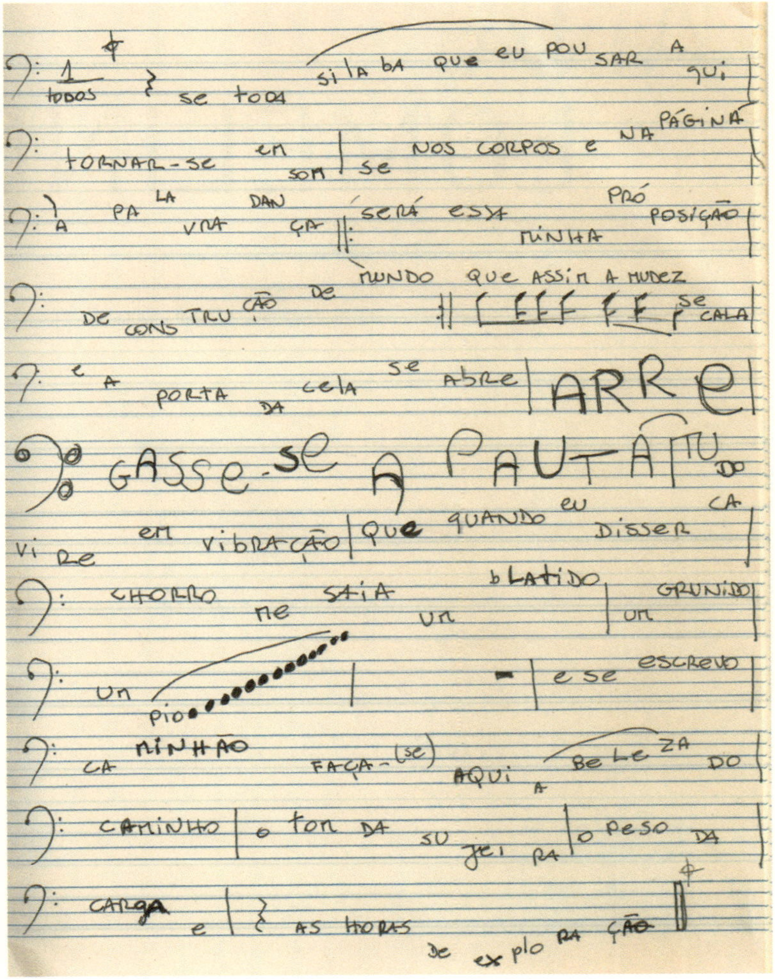

ANA LOMELINO

CANTORA multiartista formada em dança e vocalista da banda Tono. Em 2015 lançou seu primeiro projeto solo, batizado de *Mãeana*.

CANTO DE DUAS PAUTAS

Todo som é um canto de duas pautas. Como o som do mar, todo barulho pode ser ouvido de duas formas: uma mais superficial e outra com os ouvidos profundos. Cada timbre possui seu fundo, sua segunda pauta – com carga e peso. O canto de um passarinho pode parecer um pequeno toque superficial, mas ali está todo o céu e a altura, a terra e o ninho, tudo se pode ouvir com os ouvidos profundos. No canto da beira e nos palcos praianos se canta no Rio imagens belas, mas o belo é também queixoso, o leve é também amedrontador por aqui. Os sons cariocas devem ser ouvidos com imensidão interior. Isso deveria ser uma tradição dos estudiosos. Um exercício diário pra quem quer falar do assunto. O corpo do ouvinte recebe o som da palavra que o cantor cala. Só o corpo entende. Dentro de nós, no oco do cerne, a morada real do som.

ANDRÉ CARVALHO

CANTOR e compositor gravado por nomes como Marisa Monte e Mart'nália. Nascido numa família musical, é filho de Dadi (o leãozinho de Caetano) e irmão de Daniel Carvalho (um dos produtores mais atuantes no cenário musical do Rio de Janeiro), e já foi integrante da banda instrumental carioca Bondesom. Atualmente se prepara para lançar seu segundo disco.

POEMA PARA SOM E PAUSA

Quando durmo de pé
esqueço as horas
me jogo no mar
até escurecer

sem poder pousar
do esforço de ficar imóvel
e achar
em som
um dó
pra quem dizer

a luz que derrama
nos olhos do sol
ama inteiro
o que não está parado

quando a música
procura o silêncio
de todas as notas
no coro do vento
no grão de todo tempo
todo andamento
rima com o próximo acorde

acorda meu violão
querendo virar canção
sem chão
melodia
sem centro
movimento
profundo
do som da terra
quando toca o bumbo

ANNA RATTO

NÃO se lembra de sua casa estar em silêncio. Avó formada em piano, pai curioso que arranha diversos instrumentos e mãe que já gravou disco por hobby. De jazz a MPB, ouvia-se de tudo. Formada em psicologia, Anna não resistiu à música e há dez anos se dedica integralmente à carreira, que já conta com três discos e um DVD.

ASSOCIAÇÃO LIVRE

Algo que vou amar registrar num livro: qualquer queixa em relação à vida na música se transforma numa minúscula molécula que se autodestrói no segundo em que surge diante da maravilha que é poder fazer isso da/na vida.

Saber que a Baby voltaria foi das melhores notícias recentes da música, pra mim. Acho que ela é mesmo a minha predileta. O conjunto daquela obra... viva ela!

Maracatu me sacode a alma.

Eu fui cantar na CHINA! Eu fui cantar na CHINA!

Tocar surdo de primeira num bloco de carnaval por horas foi das maiores ondas que eu já senti.

Lenine me impressiona muito. Bob Marley também. E Michael Jackson.

Nana Caymmi abre a boca e me derramo em lágrimas. Fico vivendo aquilo tudo, naquela voz.

Sempre me arrepio no Circo Voador. Sempre.

Tive o privilégio de ser dirigida pelos meus melhores amigos.

A minha banda é foda.

Caetano não para de cantar lindo!

Tem tanta gente incrível fazendo música agora. Taaaaaanta!

Gravei com o Erasmo + Gravei com o Edu Lobo = Serei feliz pra sempre!

AVA ROCHA

CANTORA, cineasta e artista multidisciplinar. Tem dois discos lançados, um com a banda AVA e outro solo, ambos muito bem-recebidos pela crítica. Participou de inúmeras faixas gravadas em trabalhos de outros artistas. Também já cantou e/ou atuou em diversos filmes, e é uma das integrantes do bloco de carnaval Baile Primitivo. Também dirigiu videoclipes de artistas contemporâneos, além dos seus próprios.

ELA É UM MISTÉRIO

A música produzida pelo homem talvez seja a relação do interior dele com o mundo, e além, a relação do espírito com o corpo e deste com a natureza, com o mundo, o real. Música também é olhar, é uma maneira de tocar, é tato. Não é só dizer. E não é só o homem que diz. No silêncio ou na sinfonia de uma grande cidade, no canto de um pássaro ou numa voz desafinada, há música. Onde há som, há ruído, há ar... Para mim, onde há um corpo em movimento ou uma montagem de imagens, há música. Quando um surdo dança ele está escutando música. Ela não é uma forma, mas uma possibilidade. Ela é a liberdade. Estabelecer padrões para a música é assassiná-la. Música é natureza. Toda música que existe é sagrada. Tudo que é vivo é musical. Eu sou canal, ponte e desembocadura. É mais ou menos assim que a sinto, sem certezas, porque ela é um mistério.

BEM GIL

MÚSICO e produtor, tendo atuado ao lado de diversos artistas no Brasil e no exterior. Até o momento, já gravou três discos com seu grupo, o Tono, além de participar como músico e produtor dos últimos trabalhos de seu pai, Gilberto Gil.

DE JANEIRO

Escrever me causa certo embaraço, compor me causa constrangimento, mas me permito estar no meio de tantos poetas e compositores sem o menor pudor. Isso pelo fato de serem essencialmente músicos e representarem tudo aquilo que eu gostaria de ser e tento ser. Eu *tento ser*, e sem o menor pudor.

Há pouco mais de dez anos, por força do acaso, conheci uma turma e, a partir de então, passei a perceber o Rio. Todos músicos. Esse encontro foi o que a cidade provocou para que eu a conhecesse e a aceitasse como minha. Justo eu, filho de grande músico e nascido em meio a tantos outros, precisei que a cidade me mostrasse do que se tratava. Faço música porque vivo aqui e vivo aqui porque faço música.

Cidade que já me levou um irmão, músico, numa curva e me trouxe dois meninos, músicos. Esse período de 2000 pra cá se localiza justamente entre o primeiro disco do +2 (pedra fundamental pra boa parte da música produzida nessa cidade a partir de então) e o primeiro álbum do Moreno, cuja faixa título resume numa frase o que acontece com o universo musical no Rio: "tanta coisa boa, nada é de ninguém".

BOTIKA

CANTOR, compositor e escritor. Tem três discos lançados com a banda Os Outros e um álbum solo. Também integrou o projeto sonoro LapTopViolão e a banda Companhia Velha. Entre tantas atividades, também produziu e apresentou o CEP 20000 (Centro de Experimentação Poética) por três anos, ao lado de Guilherme Zarvos, Chacal, Michel Melamed e outros nomes.

TAPETE VOADOR

para Ericson Pires

Há pouco mais de dois anos faleceu meu irmão Ericson Siqueira Pires. Eu nunca havia sentido uma perda como essa (e ainda a sinto). Ericson e eu vivemos juntos por quase quinze anos, intensa e incessantemente. Agora, nesse tempo em que me encontro, percebo sensivelmente meu amigo sem fim. Me transformo em extensão, prolongamento de Ericson. Eu e mais tantos.

Aprendi um monte de mim mesmo pelas provocações que cuspia o delicado vulcão Pires todos os dias. Tomei um monte de coragem. Flagrei um monte de fraquezas. Rebolei e dei cambalhotas impossíveis. Com Ericson trafeguei nos centros, bordas e periferias. Fui convidado a ser conduzido pela força de seu sopro. É necessário rachar costelas e mostrar o peito aberto para tecer em comunhão com ele. E assim fui (des)norteado.

Tapete voador

Você é agora mesmo um tapete voador
Sobrevoa um deserto transparente, indolor
Se transforma numa nuvem carregada de calor
Que derrama sua chuva no delírio de um
Cochilo profundo na beira da vida
Cochilo profundo suspenso em silêncio
Você vive num ciclone que dá voltas por aí
Faz girar o mundo todo dando corda no motor
Sopra sua ventania enrolada no espiral
Que espalha sua seiva no rugido de um
Cochilo profundo na beira do abismo
Cochilo profundo suspenso em silêncio
Você pode retornar
Ainda há muito tempo pra queimar o pavio
Você pode retornar pra ficar junto com a multidão e ecoar

CASTELLO BRANCO

CANTOR e compositor. Criado em um monastério, apresenta de forma poética toda sua experiência de vida nas canções presentes em *Serviço*, seu primeiro disco.

A ÚNICA COISA

Me dei conta outro dia de que tenho medo das pessoas. Morro de medo, mas amo. Essa confusão existe desde que me apresentaram o mundo e suas necessidades; levei intensos vinte e sete anos para perceber que o medo e o amor não são como o branco e o preto, mas sim como o branco e o branco encardido. Sujo no mesmo. Quando escrevo ou componho, faço-o com uma entrega amorosa invicta sobre o meu medo, e assim me permito entrar em um lugar de cuidado e respeito pelo que sou e amo. Certamente a minha relação com a música é um desafio diário de autoconhecimento e amadurecimento interno, ao mesmo tempo que me preocupo em dar vida a uma beleza que sinto ser louvável e que, mesmo que em níveis mais sutis, de alguma maneira ajuda ao próximo. Essa preocupação é honesta e, embora eu não saiba ao certo de onde ela vem, deixo fluir nos momentos em que me sinto conectado com o verdadeiro propósito de nossas vindas: amar sem medo. A música foi e é o canal que me facilitou isso, e me facilita todos os dias a amar sem medo. Lia diariamente uma frase escrita no espelho do meu quarto, presente de meu pai: "O medo não existe no amor", escrita de algum evangelho. Entendo isso completamente, mas o que acrescento é que, hoje, no nosso atual processo planetário, o medo existe, sim, no amor, e é extremamente importante também entendermos isso; não só existe como é necessário para os nossos ciclos de amadurecimento. Para depois, sim, um dia, existirmos sem medo, mas aí já é uma outra história para outros tempos.

do medo
o meu amor
ambos
certeiros
faz parte do amor
morrer de medo
nascer no amor
e morrer de novo

CÉSAR LACERDA

CANTOR e compositor radicado no Rio de Janeiro. Tem um disco lançado, *Porquê da voz*, e em sua turnê de estreia já rodou vários estados do Brasil e países da Europa.

ESTREIA

Inverno no Rio é uma loucura! A gente não sabe se vai chover, se precisa sair com casaco ou até se vai dar pra ir à praia. Fato é que, me sentindo apreensivo como estava, a temperatura do meu corpo esteve baixa durante todo o dia.

Vinte e dois de julho de 2012: essa seria a primeira vez que me apresentaria no Rio de Janeiro, ao lado da minha Super Banda. Naquela noite de meio de ano eu cantaria na Comuna, pela primeira vez, as canções do disco que eu lançaria um ano depois, o *Porquê da voz*.

Agora mesmo, enquanto escrevo, ao lembrar-me daquela apresentação, percebo um sorriso nascer em meus lábios. É como se nascesse também uma confirmação: naquela inesquecível noite de estreia, eu tive a certeza de que deveria gravar aquelas canções no meu primeiro disco! Lembrar-me agora de cada sensação positiva, de cada sorriso, de cada som e de cada pausa faz vibrar em mim a certeza da música como caminho inegável. Faz vibrar em mim a felicidade inevitável dos dias vividos.

CÍCERO

COMPOSITOR e produtor carioca, nascido em 1986. Ainda no ensino médio, formou a banda de indie rock Alice, desfeita em 2008. Em 2011 lançou seu primeiro disco solo, *Canções de apartamento*, produzido e gravado em casa. O disco teve grande repercussão na internet e lhe rendeu, em 2012, a vitória em duas categorias do Prêmio Multishow de Música Brasileira: Música Compartilhada e Versão do Ano (pela sua versão de "Conversa de botas batidas", do Los Hermanos). Seu segundo disco, *Sábado*, também gravado de forma caseira, teve participações de Marcelo Camelo, SILVA e Mahmundi.

MÚSICA E TEMPO

Minha ideia foi relacionar som e pausa. Difícil, porque é mais do que música; é fazer algo que se relacione com o tempo. E tempo é assunto complicado. Por isso, pensei numa imagem que fosse um *gestalt* do sentimento que me atravessa quando penso no tempo, ou em som, ou em pausa. O *gestalt* leva um trecho de "A flor e a náusea", de Drummond, que diz "furou o asfalto, o tédio, o nojo e o ódio", e é isso.

CLARA CAVOUR

NASCEU em 1983 e é filmmaker independente. Filmou uma série de discos, clipes e shows de artistas citados no texto, e ainda Gal Costa, Adriana Calcanhotto, Moraes Moreira, Maria Rita. Em 2014, dirige o programa Estúdio do Dado, uma série de performances musicais filmadas no estúdio Rockit, de Dado Villa-Lobos. Em seu trabalho autoral faz também uma série de retratos filmados de pessoas do tempo presente.

O SOM E O FRAME

Eu inventei de ter uma câmera sem saber o que ia fazer com ela e comecei a filmar quem estava em volta. Meus amigos faziam música e aquelas eram imagens tão bonitas.

Era uma desculpa para eu olhar para eles e aprender a operar lentes e ouvidos. Era a geração do "faça você mesmo" se ajudando. Os que nasceram nos anos 1970 e nos 1980 e que estavam na hora de fazer.

Descobri um jeito meu de olhar. As *Horto Sessions*, como chamei meus primeiros vídeos, editados em casa, no Horto, viraram outras coisas, mas eram essa visita ao trabalho do outro. Uma câmera e o som que a gente aprendeu a captar em gravadores portáteis. Continua sendo assim a maior parte do tempo.

Era Letuce na luz negra, o Tono no banheiro, Nina Becker, Marcelo Callado e a bateria na sala antes da Cora, era Domenico em Santa Teresa. Do Amor em Piracema.

Era a Perimetral e um carro de carne. Moreno e o Rockit tomado de gente e brinquedos sonoros. Rodrigo Amarante passando temporada, Monoaural na madrugada com Bubu, Benjão, Ricardo e Callado. Era Daniel Carvalho.

Era o Rabotnik na Pista 3 e no Quarteto Duplo. Alberto Continentino, Davi Moraes e a edição do Trio Elétrico, onde descobri como eu pensava nessa língua. É o Maravilha 8. Bruno di Lullo e a Meia Banda. É Estevão Casé, Lucas Vasconcellos. É Mariano Marovatto e Carolina Bianchi em preto e branco, sangue falso e frames picotados.

Estávamos outro dia numa festa, estávamos outro dia na festa dos filhos, estamos ocupados, estamos duros, estamos dispostos.

JOÃO CAVALCANTI

CANTOR e compositor da chamada neo-MPB, tem a música no DNA. Filho de Lenine, lançou em 2012 *Placebo*, seu disco de estreia. O repertório, multifacetado e rico em ritmos e temáticas, passa por rock, tango, funk, frevo, valsa e samba, gênero musical que o projetou nacionalmente como uma das vozes do grupo Casuarina.

O TROPEÇO

Até os meus 19 anos, encarei a música como um amigo íntimo – íntimo e distante. Um amigo que eu admirava, sobre o qual mantinha-me informado e que, eventualmente, até visitava, sem formalidade. Tinha a certeza de que nossa relação seria essa e pensava sentir-me pleno assim. Um dia trancei pernas com a música, meio que por acaso. Toquei instrumentos que não tocava, cantei com uma voz que não tinha, escrevi versos que não sabia serem possíveis. Nesse novo balé que inauguramos, me deixei conduzir pela música, indefeso e atento. Enquanto dançávamos, aquela certeza, nua em sua própria ignorância, virou-se contra todas as certezas em um motim. Certezas são freios, nada além disso, e ao trançar pernas com a música acabei por tropeçar em mim. Aliviando, aos poucos, o pé do freio, acelerei, cuidadosamente trôpego, para dentro da música e da minha própria vontade. Irreversivelmente. E pleno.

JONAS SÁ

CANTOR, compositor, arranjador e produtor de discos. Em 2003, lançou o EP *Beautiful Freak! – The DEMÊNÇA EP*; em 2008 lançou seu primeiro álbum, *Anormal*, e em 2014 o segundo, *BLAM! BLAM!*. Neste último encontra-se a canção "Perdidos na noite", aqui apresentada em forma de conto.

ÀS BOCAS SUJAS DOS BECOS MAUS

Dispensou o café da manhã naquele início de tarde tempestuoso. Não tinha fome. Seu amor voltou a não voltar do batente. Para Rembrandt, essa sensação de angústia e medo do pior era recorrente. A imprevisibilidade de seu amante, Pavlov, era sua única previsibilidade. Pavlov, de um metro e oitenta e nove, forte, peitorais imponentes. Amava Ravel e Debussy. Vivia de comer senhoras ricas e homens casados, senhores de cabeças lustrosas e carteiras gordas.

O michê já havia sumido outras vezes e as histórias de seus retornos variavam. Por vezes voltou por si só, encantado por alguma viagem em que se lançou. Em outras ocasiões, veio calado, com olhar grave, roupa rasgada e joelhos escoriados. E, por mais vezes do que desejaria, Rembrandt teve que ir ao seu resgate, mergulhando em becos sinistros, quebrando narizes por onde passava, levando com ele seu trabuco, "O Ferro", e, eventualmente, pintando paredes de vermelho. Mas, dessa vez, o sumiço de seu amante já era esperado; Pavlov havia decidido parar de pagar a "taxa" do Cafeta.

Na Copacabana de 1983, em certas danceterias, não se fazia michê sem a autorização de Aloízio Carlos Silveira, o Cafeta. Um coroa do Acre que em 1979 ganhou a loteria, voou pro Rio de Janeiro e abriu alguns negócios pelo bairro de Copa. Três discotecas, um cinema pornô vagabundo e uma lavanderia chulé.

Ele tinha ligação com uma galera da pesada e a transa era: ao bandido que quisesse vender na sua noite, Cafeta oferecia a estrutura das casas e, em troca, os malandros garantiam que as putas e michês que trabalhassem em seus recintos lhe pagassem a "taxa". Ia tudo muito bem até que Pavlov resolveu sair do esquema.

Ao constatar sua petulância, Cafeta mandou recados incisivos pro michê. Cachorros mortos na porta de casa, falsos clientes que lhe agrediam, bifes podres na mesa do bar. A despeito dos conselhos de Rembrandt, Pavlov não deu o braço a torcer. Até o dia em que simplesmente não voltou pra casa. Dessa vez Rembrandt não esperou mais que uma noite. Já estava cansado dessas buscas. Sabia que Cafeta estaria por trás do paradeiro de seu amante.

"Lá!Lá!Cá!" era uma boate grande, o carpete era contornado por uma interminável linha de neon vermelho, as cabines dos banheiros eram grandes o suficiente para três pessoas. Como uma flecha, Rembrandt invadiu o bar da casa. Indagou ao barman sobre Pavlov. O homem apenas lhe fitou com olhar de escárnio. Restou a Rembrandt porrar a têmpora do barman à barra do bar até que o sujeito lhe contasse o que sabia. Ele havia visto Pavlov sair de um cinema vulgar acompanhado dos Irmãos Macaca, uma dupla de assassinos mais conhecida por sua crueldade que pelo boato de serem herdeiros de uma grande fortuna. Rembrandt suou lágrimas frias. Pegou o endereço e se mandou. O Ferro na jaqueta. A certeza de que iria em vão.

Era verdade, os Macaca realmente viviam em uma mansão no alto da Santa Leocádia. Ao chegar, girou a maçaneta da porta da frente. Destrancada. A decoração interna da entrada gritava bananeiras, mármores e um *home bar*. Notou, então, o movimento no fundo da sala. Dois homens nus. Sorrateiro, se aproximou do que lhe parecia uma cena erótica. Mas gelou quando identificou o lenço que havia regalado a Pavlov manchado com o sangue luminoso. Se aproximou e viu: embaixo dos homens, seu homem. Vísceras expostas. Ambos lhe desenhavam o abdome com punhais. O desespero vermelho se apoderou de Rembrandt e, enquanto o ódio esquentava suas lágrimas, seu dedo fazia o Ferro cantar.

JULIANNA SÁ

JORNALISTA e produtora musical. Em 2013 deu início à DOBRA Comunicação e outros desdobramentos, onde faz gestão estratégica de carreira e comunicação de novos artistas. A produtora é responsável ainda pelo projeto Dobradinhas e outros tais, que promove encontros inéditos entre novos nomes da MPB.

REMAPEAMENTO AFETIVO

A cidade como uma construção. Desnudar a produção musical contemporânea no Rio, na pequena aventura a que me proponho, tem no horizonte uma espécie de miragem. Como se cada encanto com o inédito iluminasse também novos percursos geográficos na Guanabara. Nesse imaginário, a beleza mora exatamente em ascender, palmo a palmo, os milímetros do corpo do Rio e vivê-lo, dentro de dinâmicas afetivas, como quem hasteia uma bandeira no território conquistado. Mais que uma experiência onírica, ter nesse espraiamento uma experiência vital me aproxima da música carioca. Cruzamentos, festivais, coletivos, trocas, recortes, narrativas. Cada movimento é parte de um remapeamento afetivo da cidade, parte da alquimia musical do Rio, uma cidade-rede que tem no encontro seus atalhos e labirintos.

JULIANO RABUJAH

NASCEU em Cachoeiro de Itapemirim e é produtor musical e compositor. Parceiro de vários artistas, lançou em 2011 um disco em turnê europeia com a banda Tabacarana. O álbum *O que meu samba tem* (2011) e o EP *Quarto e sala* (2013) são seus últimos trabalhos solo.

CABEÇA, BOLSO E VIOLÃO

Casa vazia. Eu que adoro reinar em casa andando seminu agora estou achando "tudo isso um saco". Bolso vazio. Viu o preço das flores? Da janela, rua cheia. Da rua a rua nem é tão cheia assim. Cá fora a noite é cheia, mas no fundo no fundo, vazia. Se quiser, dá pra ver nos meus olhos. A volta é cheia, ônibus cheio. Passei agora na Estácio e ainda faltam quarenta e três pessoas para eu chegar em casa. Estou com o mesmo violão pendurado nas costas e, de novo, dei sinal antes do meu ponto. Passei na frente da casa dela porque não resisto. Já cantei muito ali. Velhos hábitos me conferem, somente, o status de velho. Tudo bem já que os três andares me garantem discrição. Tinha uma sombra de casal na parede da sala. Desenhei na minha cabeça ela de cabelos soltos, cheios, e ele de cabelo desgrenhado. Fui de Botafogo à Saens Peña com a cabeça cheia e o violão vazio. O bolso mais ou menos. Mais pra vazio.

LEONARDO LICHOTE

REPÓRTER e crítico musical do Segundo Caderno do jornal *O Globo*, veículo em que atua desde 2001. Na função, entrevistou e assinou reportagens com grandes nomes da música popular brasileira e com inúmeros artistas que fazem parte da chamada "nova cena". Assina o texto final de *Minha fama de mau*, livro de memórias de Erasmo Carlos publicado pela editora Objetiva. É jurado do Prêmio Multishow e do Prêmio da Música Brasileira.

DO GRAVE AO AGUDO. DO VENTRE À CABEÇA

Aldir Blanc, que costumo chamar de meu (super/anti) herói, dá sua sinuosa definição de música sobre a melodia de Guinga em "Samba de um breque". O poeta pincela:

"é feito o ar que eu sorvo"

"é a prima (corda mais fina do violão) e o bordão (a mais grossa)"

"uma Startrek no infinito de Bangu"

"um beque de subúrbio que surfasse em Honolulu"

"um jegue que no Jockey Club, com freio nos dentes, derrotasse alazães"

"my body and soul"

"não é um megaevento, é um pega pra capar, questão de sentimento"

"o afogado em pleno mar que agarra o vento e ri, usa o sofrimento pra poder flutuar"

Os versos cercam um tanto da minha própria relação com a música – afinal, heróis (super ou anti) servem para isso, faróis. Estão ali a ideia da necessidade vital, da amplitude do grave (pesado, denso, corporal) ao agudo (leve, fugaz, cerebral), do gigantismo na simplicidade, da potência da malícia, do sentimento se afirmando sobre a pose, da salvação impossível. Tudo meu. Minha vida em notas e versos é essa. É isso o que busco quando ouço "Com açúcar com afeto", "Se você jurar", "Disritmia", "Odeio você", "Não consigo", "Valsa do Maracanã", "Eu não vou chorar por fora", "Esotérico", "Meu mundo ficaria completo", "Mulher de fases", "Balada do amor inabalável", "Morena tropicana", "Deusa do amor", "Três", "Neguinho".

E "som e pausa" pra mim é isso: tem que ter palavras dançando ali. Como dizia a puta de um *road movie* espanhol despretensioso no qual esbarrei zapeando na TV há uns anos: "Gosto de música. De música não, de canções. Canção é canção, é outra coisa."

LETÍCIA NOVAES

TIJUCANA, caçula, cofundadora, compositora e cantora da banda Letuce e do projeto músico-teatral Tru & Tro com sua Corja em: Desfrute ou Frite. É também atriz e escritora e contribui para a revista eletrônica *Ornitorrinco*.

SIM

Agosto de 2009, primeiro show do Letuce em São Paulo. Só Lucas e eu no palco e nossos vídeos caseiros num telão. Foi show intimista, *redux*. Havia poucas pessoas, então qualquer um se destacava, e eu não consigo cantar de olhos fechados; gosto de ver, enxergar, trocar olhares. Há quem tenha vergonha, há quem fique nervoso, mas isso me acalma, não estou desafiando ninguém, isso apenas me confirma naquele espaço. Três jovenzinhos me olhavam tão intrigados que cogitei terem catarata, tamanho brilho. Eu ainda era zigota no cantar, mas já tinha as caraminholas artísticas perturbantes e dementes na minha cabeça. Já saracoteava pelo palco. O show acabou. Os jovenzinhos vieram até mim. Nunca tinham me visto, nem sequer sabiam da existência da minha banda, o que tornava tudo mais curioso. Estavam por ali sem querer. Eles me entregaram um guardanapo, que guardo até hoje. Existe um momento, sim.

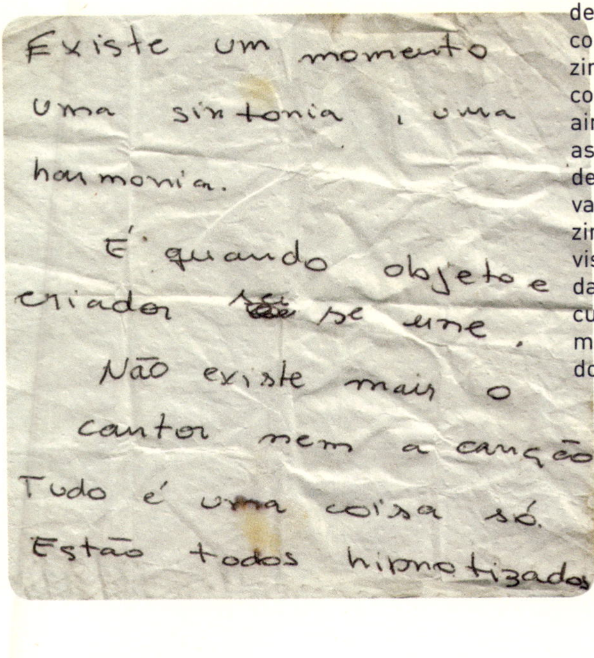

LUCAS VASCONCELLOS

MÚSICO, cantor, compositor, produtor e integrante do duo carioca Letuce, com quem tem dois discos lançados: *Plano de fuga pra cima dos outros e de mim e Manja perene*. Em 2013, lançou seu primeiro disco solo, Falo de coração. Também é poeta nas horas vagas.

PURA SORTE

um dia a música e eu, mil novecentos e noventa e nada.

um dia o teatro trouxe o Rio pra mim.

mil novecentos e noventa e muitos.

a música me levou pro teatro que me levou pros primeiros amigos que fiz aqui.

um peixe querendo redes.

um dia fiz canções e quis vê-las de fora.

o afeto lançou as redes.

um dia saquei o Rio com o meu coração.

voltava de Petrópolis, descendo a serra. meu pai dirigia o carro.

pensei: aqui eu sou. lá em cima, montanhas e neblinas. lá é minha magia. aqui é minha história.

eu dei as mãos aos amores e às fraternidades e fui tecendo até ter pano pra essa manga arregaçada do fazer.

e vi pontes explodirem e vi castelos impávidos.

a música amalgamou casa, comida e roupa.

o Rio é a casa dessa casa. é a música dessa casa, que toca pela janela do vizinho.

Rio: odeiamo.

e sei o que é ser um bastardo vindo de outra cidade, que não estudou com ninguém na terceira série. que não estudou nada e nunca vai se formar em nada.

mas sei também como é bom cair nos braços abertos de quem quer o que ainda não é, mas propõe.

conseguir é melhor do que ter.

meus amigos me mostraram a cidade.

a música me levou pra transar em praias desertas e me enturmou em rodinhas de baseado em praias lotadas.

o Rio é encontro e pura sorte.

o Rio é o amor que eu sinto por quem cruza o meu caminho na haddock lobo às 2 da manhã depois de um ensaio que não rendeu nada.

nunca a propaganda vulgar, nunca a classimediocrização podre das armas na rua.

Rio música total. Rio burro que enxerga igual cavalo e bate cabeça até rachar.

um dia eu, a música, o amor, drogas, prazeres e esse drama sufocado de chuva devastadora no verão.

e o sol de maio, deleite da pele.

a cidade é a minha música.

e nós demos um passeio romântico noturno e vimos animais soltos defendendo crias e salivando de vontade de sobreviver.

MAHMUNDI

NOME artístico de Marcela Vale, é uma musicista e compositora carioca. Num estilo próprio, flerta com a música eletrônica, indie, lo-fi e a poesia reflexiva brasileira, além de ter influências da música oitentista. Lançou seu primeiro EP, *Efeito das cores*, em 2012, seguido de perto por *Setembro*, de 2013.

PONTES DA ZONA NORTE À ZONA SUL DE MIM

O Rio de Janeiro pra mim é o ponto máximo de inspiração. Ele não é o único, mas acaba sendo a raiz dessa coisa toda.

Moro em Marechal Hermes, subúrbio do Rio; o contato com o funk carioca, pagode, samba de raiz, partido alto e outras culturas acontece de segunda a sexta. A batata, o Baile Charme, a roda de samba, o passinho: tudo isso num dia de sol no verão é uma bomba de prazer e emoção!

Mas sempre ouvi muita coisa variada, desde pequena. Meus pais ouviam discos, tocávamos na igreja, ouvíamos rádio enquanto minha tia passava roupas: Phil Collins, Ron Kenoly, Leci Brandão... Ficar na porta de casa, numa noite de calor, tomar picolé de 50 centavos, ver gente na rua, praia-pipa-feijoada e mate com limão. Não tem como não crescer querendo cantar coisas sobre esse Rio maravilhoso.

Cresci, trabalhei como técnica de som na noite carioca por sete anos, ouvi tudo e todos, dancei tudo, até que uma hora quis parar e fiz meu disco. Mas o cenário mudou. Na casa de um amigo querido, produzi meu EP. Sem glamour, só tínhamos muita vontade. O mar do posto 8 em Ipanema, o frescor da praia, o sol no Arpoador, os amores que acontecem naqueles mergulhos na praia e se vão como as ondas do Leme.

Viver nessa ponte Zona Norte-Zona Sul me deu uma elasticidade artística muito grande. Juntar essas belezas é preciso! Mais do que ser uma cantora, minha paixão é produzir músicas. Não fico em casa pensando em como elas devem ser, eu apenas sento com a guitarra e começo a cantar coisas que aconteceram num final de tarde. É sobre mim, sobre minha vida, meus amigos; sobre mim e o Rio.

Se soa gringo? 80's? "Não tem cara de MPB"? Se parece com Fulano? Com Sicrano? Nunca parei pra pensar nessas bobagens. Meu romance é com a canção, traduzir musicalmente tudo aquilo que meus olhos veem aqui.

Minha vista preferida é o Arpoador, e a melhor batata é a de Marechal Hermes.

MÁRCIO BULK

FORMADO em educação artística pela UFRJ e editor do blog *Banda desenhada*. Além de mapear a atual cena independente do país, também foi responsável por produzir os discos *E volto pra curtir* e *Soluços*, em que novos nomes da música brasileira cantam a obra de Jards Macalé.

AMADOR!

Sim, eu sou um amador. Assim como meu blog, o *Banda desenhada*. Estava me preparando para o mestrado em antropologia da arte quando conheci esses artistas fantásticos, também amadores. Esta é uma geração de amadores, baby. Escrita e música amadoras. A maioria, tenha certeza. E que bom. E que glória! Bem-resolvidos com a nossa origem, com o nosso DNA, seja de filhos da PUC, seja de Méier não bobéier, seja de baixada, serra & alhures, estamos escrevendo, documentando e produzindo uma música generosa, feita através de um diálogo que se almeja generoso. Letuce, Cadu Tenório, Alice Caymmi, Ava Rocha, Negro Leo, Chinese Cookie Poets, Bernardo Oliveira, César Lacerda, Bruno Cosentino, Bemônio, Omulu... todos nós estamos lançando amadoramente nossas cartas, nossos dados. Sem grandes gravadoras, sem grande mídia, sem nada ou quase nada que nos resguarde e, por conta disso, meio marginais *à la* Sganzerla, meio malditos *à la* Macao, estamos fazendo um trabalho do caralho. E ponto final.

MÁRCIO DEBELLIAN

UM dos realizadores do filme *Palavra (en)cantada*, sobre a relação entre poesia e música no Brasil, lançado em 2009. Dirigiu o documentário *O vento lá fora*, criado a partir da leitura de poemas de Fernando Pessoa por Cleonice Berardinelli e Maria Bethânia. É diretor do projeto Palavras Cruzadas, que desde 2012 promove espetáculos inéditos criados de encontros entre músicos, poetas e artistas visuais.

PALAVRAS CRUZADAS

Junho de 2014. Estamos prestes a entrar na terceira temporada do Palavras Cruzadas. Até aqui, foram seis espetáculos diferentes, criados, na maioria das vezes, por trios de artistas que não se conheciam ou jamais haviam trabalhado juntos. Ao todo, mais de vinte artistas já participaram do projeto.

Só quando já estamos no meio do processo de criação me dou conta do imponderável que é promover esses encontros. Durante três meses, um novo espetáculo para estrear a cada mês. Um estreito período de tempo para se aproximar, confiar, criar e estar em cena.

Não, não se preocupe, temos um iluminador maravilhoso, um VJ que é trem bom, equipe de produção ponta firme. A gente vai ao Saara, compra as coisas, manda construir se for o caso. Dá, sim, pra mandar fazer uma panela de 1,60m para você sair de dentro. Não, não pode ser show solo, tem que ter banda. Sim, a gente ensaia dois dias no teatro, mas antes temos encontros lá em casa e no estúdio para criar a parte musical. Sim, eu faço salgadinhos para esses encontros. Conseguimos a sua roupa de mulher gorila! Vocês podem vir à Bahia ensaiar? Já conversei com os outros artistas e eles topam ir ao Recôncavo para criar o espetáculo e depois encená-lo no Rio. O que acha de distribuir pintinhos ou peixinhos grátis ao fim do espetáculo? Oi, boa tarde, quero pedir autorização para colocar cinquenta palmeiras na plateia e fazer um banquete na boca de cena. Sem dúvidas, vamos forrar o palco de paetês. Você poderia desligar o secador de cabelos? O público já está esperando há trinta minutos. Será que os santos vão cruzar?

MARIA LUIZA JOBIM

CAÇULA de Tom Jobim, a cantora começou a estudar arquitetura mas se rendeu à música e hoje é um dos nomes que despontam dentro do cenário eletrônico. Ex-vocalista da banda Baleia, atualmente se dedica ao projeto/duo carioca Opala.

MEMÓRIA SOBRE O SILÊNCIO

Quando eu tinha 5 anos... não. Quando eu tinha 4 anos, dormia no quarto que depois virou um quarto de hóspedes, depois o quarto do João e depois ainda um quarto de hóspedes de novo. O quarto era revestido de um papel de parede de fazer inveja a qualquer irmão mais velho: pequenas luas, estrelas e cometas que brilhavam no escuro. Morávamos numa casa no alto do Jardim Botânico. A casa da minha vida. Ela gemia. Suas portas, seu chão, as dobradiças das janelas, tudo tinha um som e, para os meus pequenos ouvidos, ele era alto. Mas o som do dia não me assustava. O barulho das outras crianças, a panela de pressão, os bichos diurnos, as escalas do meu pai, aquilo tudo me deixava segura e as horas voavam. Até que o lusco-fusco chegava anunciando o mau presságio: a noite se instalava e, com ela, todo o medo do mundo em mim. "Deixa a porta meio aberta, a luz do banheiro acesa, qualquer coisa posso te acordar?" Ficava horas olhando pela janela, observando a sombra das folhas se mexerem sem som. Depois de um tempo indescritivelmente longo, com o céu ainda escuro, ouvia o piano lá de baixo ressoando. Era meu pai, que acordava para aproveitar o sossego da casa e tocar em paz. Então, religiosamente, passei a despertar com a música, e a partir daí o céu ia ficando roxinho e os passarinhos começavam a piar. Descobri já velha que o meu grande monstro do medo não era o escuro, mas o silêncio. O grande responsável por escurecer o mundo, por me tirar do colo da minha mãe e ralentar os relógios. Vencida pelo cansaço, desmaiava certa de que o dia já tinha chegado.

Hoje só durmo de rádio ligado.

MARIANO MAROVATTO

CANTOR, compositor e escritor carioca. Doutor em literatura brasileira pela PUC-Rio, publicou três livros de poemas, e o quarto, *Casa*, está previsto para 2015. Gravou quatro discos, dentre eles *Aquele amor nem me fale* (2010) e *Praia* (2013). Pesquisador e arquivista literário, foi responsável pela organização do acervo do escritor e compositor Cacaso e pela pesquisa de inéditos e estabelecimento de texto da Poética de Ana Cristina Cesar. Além disso, é apresentador, roteirista e pesquisador do programa musical Segue o som, na TV Brasil, e desde julho de 2014 é colunista do site *Ornitorrinco*.

SINESTESIA ANCESTRAL

O Rio de Janeiro que vive entre o maciço da Tijuca e o oceano Atlântico – se silenciarmos o som e a fúria produzidos pela cidade que se apresenta e morre todos os dias – internamente, ancestralmente, é cercado de duas constantes sonoras: as ondas que nunca pararam de quebrar na praia e o canto dos pássaros que vêm das árvores dos morros.

Desde antes do extermínio dos tupinambás, e antes mesmo do seu nascimento, os pássaros já habitavam por centenas e centenas de anos a beira da Baía de Guanabara. E muito antes dos seres humanos, os pássaros já haviam inventado o canto e todas as escalas sonoras que nossos ouvidos, treinados por milhares de anos, são capazes de escutar.

Olivier Messiaen foi, muito provavelmente, o compositor francês mais imponente nascido no século XX. Além da música, Messiaen entregou sua vida a outras paixões que têm muito em comum com a cidade do Rio de Janeiro: o cristianismo (veja só aquela estátua ali no topo do Corcovado), a ornitologia e as cores. Segundo ele, o espetáculo das cores estimula os pássaros. Tanto que, por conta disso, as aves todas, do mundo inteiro, cantam despudoradamente ao nascer e ao pôr do sol: os dois momentos do dia em que o céu ganha tonalidades inimagináveis, do completo breu vindo do espaço sideral ao amarelo mais amarelo vindo do sol.

Há quem diga que o Rio de Janeiro é um grande espetáculo de luzes, a qualquer hora do dia. Impossível distinguir qual o sol mais arrebatador sobre o morro Dois Irmãos: se o das seis da manhã ou o das quatro da tarde. Para Messiaen as cores musicais são muito diferentes das cores visuais.

Messiaen já foi até a Floresta Amazônica, mas não sei se visitou o Rio de Janeiro. Ao redor do mundo, no meio do mato do Japão ou da África tropical, ele costumava anotar musicalmente o canto dos pássaros. Um exercício que não era coletar, gravar ou analisar o timbre das aves, mas um simples e austero ditado musical vindo da natureza. Ouvia uma vez e anotava conforme seus ouvidos entendiam aquela sucessão de pios.

Messiaen era muito fã de Villa-Lobos, o grande compositor brasileiro (e carioca) do século XX. Heitor Villa-Lobos era vinte anos mais velho que Messiaen. Não sei se escutou as principais obras do francês como o *Quator pour la fin du temps* ou o *Catalogue d'Oiseaux* e a *Chronocomie*, compostos no final da década de 1950, os últimos anos de vida de Villa-Lobos. Os dois tinham uma paixão incomum por Claude Debussy, esse, sim, o maior dos franceses (ao lado de Erik Satie, seu amigo).

Diz a lenda que o compositor brasileiro escutou Debussy pela primeira vez em um LP na praia de Itapuã, em Salvador. Se pensarmos na mitologia caymmiana que incide sobre Itapuã, essa história, simbolicamente, é um dos mitos fundadores da música litorânea brasileira. Há Debussy latente em Tom Jobim, por exemplo. Há Villa-Lobos pulsante em Tom Jobim, por exemplo.

Diz a lenda que, preso durante a guerra, Messiaen, para não morrer, escutava mentalmente cada instrumento, cada voz, cada cena da ópera *Pelléas et Melisande* de seu idolatrado mestre Debussy. Tom Jobim amava os pássaros do Rio de Janeiro: sabiá, corruíra, tiziu, tiê-preto, tico-tico, tucano, urubu, marianinha-amarela, barulhento, sanhaçu, todos juntos, sem orquestrações. Messiaen amava principalmente as orquestrações de Villa-Lobos.

Há outra lenda que diz que as aves europeias (o melro, o tordo, o rouxinol) cantam de forma mais respeitosa entre as espécies. São mais solistas. As daqui são um coro convulsivo. São todas as cores. Messiaen tinha um amigo pintor, que morreu jovem, dotado de uma estranha condição neurológica: a sinestesia. Uma bênção, segundo Messiaen, devoto de São Francisco de Assis, obviamente.

O amigo pintor ouvia os sons do mundo e via cores. Cada voz de cada ser humano, de cada pássaro tinha uma cor na sua visão. Somente na pausa as cores permaneciam como são. Se houvesse pausa. É perfeitamente plausível que as cores arrebatadoras do Rio de Janeiro sejam fruto da música produzida entre as pedras de granito e as ondas incessantes do mar. As cores musicais são outras cores, dizia Messiaen.

MATHEUS VON KRUGER

CANTOR e compositor radicado no Rio de Janeiro. Tem quatro discos solo lançados e faz parte dos grupos Quatro Cabeça e Quarteto Primo. Também é vocalista do bloco de carnaval Fogo e Paixão.

LUZ E ILUSÃO

Quando cheguei ao Rio de Janeiro em 2000, com 18 anos, tive a impressão de que uma exuberante beleza e leveza nas relações estavam à disposição de todos. Mas fui percebendo que, a troco de se manter essa leveza, os problemas não eram resolvidos, e valorizava-se mais as aparências do que a construção de uma história. A ilusão era de que estava tudo bem, sempre.

Minhas impressões mudaram, e hoje sinto que é preciso acender nossa luz interna pra brilhar junto com a cidade, senão ela te ofusca. E foi sobre me relacionar profundamente com a cidade e suas pessoas que escrevi:

Mais luz que ilusão

Quando a vida me convida pra dançar, eu vou
voo longe do meu medo de voar, te dou
minha mão se me quiser, o meu canto de inventar,
coisa boa é cama cana camará

na subida às vezes penso em desistir, não vou
mas me lembro que aprendi perseverar, bastou
pro amor desenvolver tem que antes se envolver
eu me lanço pra bem perto de você

Cair cai bem se o colo é seu meu amor
fazer valer o coração
é tanto é tudo é ser inteiro em todo lugar
ter mais luz que ilusão

NINA BECKER

CANTORA, compositora e cenógrafa. Começou sua carreira musical com a Orquestra Imperial, enquanto ainda trabalhava como diretora de arte de filmes, ao lado de músicos cariocas como Kassin, Thalma de Freitas, Moreno Veloso e Rodrigo Amarante. Antes mesmo de lançar seu primeiro disco solo, foi premiada pela Associação Paulista de Críticos de Arte (APCA), em 2009, como melhor cantora. Em 2010 lançou dois discos: *Azul e Vermelho* e, desde então, prossegue participando de projetos musicais e lançando álbuns com canções escolhidas a dedo.

O MEU SOM VEM DE DENTRO DO SILÊNCIO

que dá voz à alma,
que torna o barulho dos carros
um som interessante
até bonito
ou possível de conviver

que deixa a respiração aparecer
faz conluio com minhas pantufas
que repousam quietas
na madrugada, alheias
à vontade do mundo
de macular todo aquele feltro
com ondas sonoras
de frequências
que não foram
escolhidas por mim

acordada,
filtro e devolvo
colo, descolo, apago
e desenho
por cima da ausência

PEDRINHO SALOMÃO

SÓCIO-FUNDADOR da Radio Ibiza, uma das empresas criadoras e disseminadores do conceito de identidade musical. É formado em administração pela PUC-Rio e pós-graduado em sociologia política e cultural pela mesma instituição. Também dá palestras em que fala sobre o conceito de "Empreendedorismo da Felicidade".

UMA HISTÓRIA DE AMOR

Toda vez que penso no caminho que percorremos pra criar o conceito de identidade musical, percebo que três coisas servem de combustível pra nos reinventarmos e entendermos o que nos fez germinar. A primeira delas é a necessidade, quase vital, de enxergar oportunidade onde todos veem crise. Era 2006/2007 e o mercado fonográfico plagiava Assis Valente: "Anunciaram e garantiram que o mundo (neste caso o da música) ia se acabar." Pirataria, download ilegal, internet, redes de compartilhamento, mp3. Não faltavam argumentos pra justificar a crise. Esqueceram apenas de levar em consideração que nunca havia se produzido tanta música quanto naqueles anos. Pronto. Preferimos ver que a abundância de matéria-prima gerava, sim, oportunidades.

A segunda é a necessidade de entender de gente. De praticar a empatia e aprender com o consumidor em vez de ensiná-lo. Foi o que fizemos. Se existem tantas músicas e tantas formas de se chegar a elas, então elas passam a ocupar um espaço maior nas nossas vidas e nas vidas das marcas que consumimos.

E a terceira é não perder o romantismo. Esquecer aquelas pesquisas quantitativas que regem o mercado. É melhor lembrar que queremos nos apaixonar, queremos ter experiências incríveis e memoráveis. Queremos viajar no tempo, pra frente e pra trás. E por que não através da música?

Não fizemos nada de mais: juntamos tudo isso em um produto. Um produto que ajuda marcas e pessoas a se comunicarem com verdade, com o coração e com experiências sensoriais inesquecíveis!

PEDRO MANN

BAIXISTA, cantor e compositor. Acompanhou muitos artistas da música popular brasileira como músico e em 2002 fundou a banda Bondesom, que tem três discos lançados. Em 2013 lançou seu primeiro disco solo, intitulado *O mundo mora logo ali*.

EU E ELA

A música é uma das manifestações humanas mais antigas. A fala, o canto, os instrumentos de percussão, tudo carrega seu próprio som. Seja sacra ou profana, ela sempre serviu muito bem ao homem.

Eu, particularmente, a aprecio em todas as suas formas. Desde o violão solo até o jazz de Miles Davis. Da leveza das sonatas de Scarlatti à introspeção das variações de Goldberg de Bach. A melodia de Pixinguinha e o ritmo de Hermeto Paschoal.

Um dos discos que marcou muita gente – e eu me incluo nessa – foi o *Kind of Blue*, do Miles. Aquela atmosfera relaxada que esticava o tempo lento dos acordes. Os temas simples e perfeitos me fizeram ver como eram desnecessárias as palavras. Outro momento marcante foi quando descobri Moacir Santos e suas "coisas" afro-brasileiras.

Assim vou trilhando meu caminho, conciliando meu lado cantautor com o Bondesom.Tendo a certeza de que, na forma de canção ou instrumental, a música é minha melhor amiga, e continua sempre iluminando os lugares por onde passo.

QINHO

CANTOR e compositor, além de produtor do Dia da Rua. Fundou a banda VulgoQinho&OsCara em 2004. A partir de então, abandonou a possibilidade do jornalismo e se jogou por completo na música. Envolveu-se em coletivos (Cia Velha, Irmãos Brutos, Bloco Clementianos, Ensaios de Boca) e topou (ainda topa) dar canja em todos os shows para os quais foi convidado.para os quais foi convidado.

TRABALHO E INVENÇÃO

Música no Rio é trabalho de invenção. Não só do som, mas também do espaço em que ele soa. O que se canta precisa estar contido em algo para que seja ouvido. As cordas no corpo do violão, a voz no peito do cantor, a música na caixa. Para soar precisamos de espaços. No plural!

Como se inventam espaços? No Rio de hoje essa é a interrogação. É inventar-se artista precisando inventar o meio para a arte ser ouvida. Ser compositor desses meios, arranjador das vias. Criar a música e construir a caixa.

Ouvidos também são caixas, e são acústicas, mas nem todos estão à distância de um clique. Mesmo que pareça, não estão. Fez-se agora parte do nosso dever fisgá-los por onde andam, passeiam, namoram, vivem.

Ouvidos crescem e se desenvolvem por aí em espaços muito maiores do que "a mais bela beira-mar atlântica mundial". É preciso abandonar o castelo de areia e sal, cruzar o túnel, atravessar o maciço do Corcovado e se fazer ouvir em outras esquinas de pedra, para depois voltar. A cidade é maior, os ouvidos são mais e todos nos querem.

Quem nos guiará? Ninguém. Pavimentar a estrada com a própria mão, esta será a graça. Esta seria a liberdade, a independência real. Inventemos, pois.

RAFAEL ROCHA

BATERISTA, compositor e um dos vocalistas da banda carioca Tono, com quem tem três discos lançados. Ganhou projeção na cena carioca participando dos grupos Brasov, Binário e Rabotnik.

SONORIDADES

Eu tocava bateria, percussão e bateria eletrônica em alguns coletivos, mas estava à procura de uma plataforma para praticar mais o exercício da composição, do canto e da produção, além de dar vazão a ideias performáticas. Certa noite fui com Bem Gil a uma festa em Santa Teresa e, lá pelas tantas, me senti à vontade para tocar violão no quintal. Bem gostou das canções e apontou que deveríamos tocá-las. Até então eu não expunha minhas músicas.

Com a vontade de montar um grupo surgiu a necessidade de um baixista. Eu havia tocado na banda Binário por alguns anos e criado um grande entrosamento com o chileno Bruno Di Lullo. Chamamos Bruno várias vezes para participar de encontros semanais que serviram de laboratório sonoro para fazer as primeiras experiências. No início ele resistiu por não saber muito bem onde aquilo iria dar, mas depois acabou entrando no barco e foi ajudando a remar.

Na Binário eu também havia trabalhado com o multi-instrumentista Fabio Lima, namorado de uma jovem que fazia artes visuais chamada Ana Cláudia Lomelino. Tempos depois viajamos em grupo e ela cantou comigo uma música que eu estava criando na hora, batizada posteriormente de "Gatini canti Hip-Hop", e que por acaso eu estava registrando. Ouvindo as gravações, fiquei fascinado pelo timbre de sua voz, envolvido pelo *delay* – que deixávamos sempre conectado ao microfone – e pela lisergia produzida por jovens em uma viagem de fim de ano. Era muito bonito e despretensioso.

Comecei a ligar para Ana querendo que ela viesse participar de nossos encontros musicais. Ela nunca conseguia ir, mas, certo dia, para nossa sorte, apareceu. Foi num período em que flertávamos com a ideia de ter várias cantoras ao mesmo tempo. A Letícia Novaes chegou a ir algumas vezes aos nossos encontros antes de começar a detonar sua potência no Letuce, uma espécie de banda prima do Tono. Existe forte amizade entre os integrantes das bandas. Fizemos juntos no teatro Ziembinsky, na Tijuca, um dos primeiros shows das duas bandas. Simbolizou uma partida juntos em busca de algum lugar.

Aconteceram diversas formações do Tono. Gostávamos de nos reunir para tocar em festas que nós mesmos produzíamos e também em viagens por sítios do Rio de Janeiro. Assim acontecia uma seleção natural de quem tocava junto. Resolvemos então gravar um disco fora da cidade. Na serra havia ar puro e ficamos concentrados, gravando tudo bem rápido com a produção do Eduardo Manso.

Combinamos que queríamos fazer shows uma vez por mês, mas não havia muitos espaços que abrigassem nossa proposta. Começamos a tocar no antigo Cinematèque. Foram vários shows com diferentes formações e participações catárticas no palco e na plateia. O grupo tinha chão para andar e foi.

Hoje somos cinco Tonos: eu, Ana, Bruno, Bem e Manso. Temos três discos lançados e vivemos a batalha da independência nesse período de constantes transformações. Cada um também traça individualmente seus caminhos, e novos discos estão por vir. Os Tonos somam seis filhos: Martim, Bento, Arthur, Quim, Dom e Lola.

O Tono gosta de mato e criança.

RICK YATES

FAZ parte de uma geração de profissionais que trilharam suas carreiras com multifacetas, experimentando diferentes áreas. Divide seu tempo entre a liderança da recém-criada marca de moda e produtora cultural *Another Hot Brand With An American Name*, apresentações teatrais e com a banda Beligerantes e o que mais aparecer.

ANTES DE TUDO, A MÚSICA

"Antes de tudo, a Música", escreveu Verlaine em meio a altos porres na França do século XIX.

Sobre excesso de álcool, falemos noutro momento. A música sempre me salvou do automatismo da vida, sendo a propulsora das memórias afetivas mais intensas e ricas.

Minha vivência profissional e pessoal me deram a chance de trabalhar com música sob vários ângulos. Em muitos casos me vi servindo como "ponte" entre o mundo artístico e o corporativo. É o caso da minha recém-criada marca/produtora cultural, que surge unicamente pelo desejo de que o universo artístico que tanto me inspira seja mais rotineiro, latente e colaborativo.

Seja em cima do palco ou realizando projetos para empresas por onde passei, meu prazer sempre foi sensorial. O que busco é a sensação de completude que só a arte – e a música em particular – é capaz de provocar.

Meu grande amor disse certa vez que eu escrevia pra me lembrar das coisas, e ela está certa. Eu somaria o fato de que minha missão por aqui é tentar realizar o maior número possível de projetos artísticos sem perder a sanidade e a alegria. Faço isso porque preciso e para não ser esquecido. Essa sede de realização cultural é a minha forma de brigar com a finititude.

RODRIGO CASCARDO

COMPOSITOR, produtor musical, professor, psicólogo, adorador das músicas que seus amigos fazem e pai da Rosa. Em 2014 lança seu primeiro álbum, *Espécie variada*.

TOQUE

Pesquisas coordenadas pelo neurocientista Jaak Panksepp concluíram que a música é entendida pelo cérebro como uma forma de *toque*. A proximidade íntima que algumas canções alcançam em nossa vida aponta para isso. Elas não raro encontram palavras para expressar nossa trama afetiva de uma forma que nos surpreende, nos arrebata e também nos faz entender um pouco mais sobre nós. Por esta impressionante capacidade que as canções têm de transmitir intensidades, nossas vidas são recontadas em versos que, por motivos variados, tornam-se também "nossas afinidades eletivas" – que boa companhia são as canções! Talvez por isso eu costume compor músicas que trazem alguma forma de conversa: "deixa tudo e bora andar", "eis mais uma canção", "não sei se você se lembra" são alguns dos versos que iniciam canções que fiz e que apontam para essa função da música em minha vida: chegar nas pessoas. Pois, assim como a cantada, a canção é um convite, um flerte para o encontro, a troca e o toque. Imensa gratidão a essas coisas estranhas e familiares que são as canções. Que venham as próximas, que não sejam poucas, que sejam boas e possam também ser apreciadas em novos encontros e espaços.

THIAGO AMUD

CANTOR, compositor, arranjador e violinista carioca. Tem dois discos lançados, *Sacradança* (2010) e *De ponta a ponta tudo é praia-palma* (2013). Em 2012 participou do programa Som Brasil, da Rede Globo, sobre os antigos festivais de MPB.

ANAMNOISE

No princípio era a canção do musgo den'da mãe; então esplendeu o arco pós-dilúvio, Bonsucesso, a janela recortava trilhos, a vó nomeava as cores, qual será a do próximo trem? Voo do pertencimento, no alto daquele morro passa boi passa boiada, qué dê a pastorinha lá no cume do Alemão? Todos inda eram vivos, súbito corte, Urca, ponteio do pai, sala dos discos, varanda às escâncaras pro matagal, aclive até a rualta assombrada por Mem de Sá, eu salmodiava os nomes dos entes amados, sua existência dependia de mi'a voz? Um Natal o pai me disse escuta isto, era Ravel, silenciei, um norte já imantava meu destino, quem sabia? Coube-me infância imersa nos 80, cujo néon ficou no cerebelo, cedo desgostei da década, descambei pra fora do tempo, mais tarde eu tentaria recalcar até a tropicália, em que, aí sim, mergulhei adolescendo, tendo sido aliás a primeira clareira após a separação de meus pais, brasilidade em transe cicatrizando a fissura do núcleo familiar. Adensei-me em som e mito, na escola bons moços maus me riam, eu pálido lastimagro, a britadeira de Duprat furava os dias em que passei a nina-ninar a vó recriança que primeiro me nina-ninara, então eu disse quero um violão, as melodias e a prosa sertão veredas me salvaram do naufrágio no ramerrão, notei que um acorde não é um acorde, são vozes totemizadas, descri da oposição consonância/dissonância, os lances da criação passaram a ser fatais, e em sonho a Virgem inteiriçou o céu com Seu Corpo, em vigília. Ela passou a soprar ave-marias pr'eu esmagar as serpes de mi'a natura irredimida, e eu desci ao inferno, onde vi que música é alternância entre magma e cristal, voltei salmodiando, a comunhão dos entes amados depende de mi'a voz, não há morte, no alto daquele morro passa a vó, em cujo ouvido mouco-louco eu cantarolava lábios que beijei, e ela despertando num átimo do alheamento que a toldava, ensolarada, dizia Orlando Silva.

THIAGO VEDOVA

UM dos criadores da Bolacha Discos, já empresariou vários artistas da chamada "nova cena carioca", além de assinar a curadoria do Espaço Cultural Sergio Porto, do Teatro Maria Clara Machado e do Festival Dia da Rua, este em parceira com o músico Qinho. É um dos produtores culturais/musicais mais ativos do Rio de Janeiro.

AS DORES E AS DELÍCIAS DA PRODUÇÃO

Dor e delícia, este poderia ser o título da biografia de um produtor-executivo. Poderia também ser *Resolve aí*, ainda que eu prefira *Inventa*.

Nunca foi simples ser um artista de pequeno e médio porte no Rio de Janeiro; não é fácil carregar o peso do glamour dessa cidade: antigo centro da indústria fonográfica do Brasil, sede do maior canal de TV da América Latina e a "casa" escolhida pela maioria dos grandes artistas do país.

O Rio de Janeiro continua lindo, mas não continua sendo. O público carioca é um dos menos curiosos, as suas casas de show são cada vez mais restritas. Mas por que só reclamar? Eu preferi inventar, abrir espaços, criar projetos... e foi delicioso.

É bom realizar, tem um gosto diferente, distante do protagonismo, longe dos holofotes... mas é real e bonito, como esta cidade.

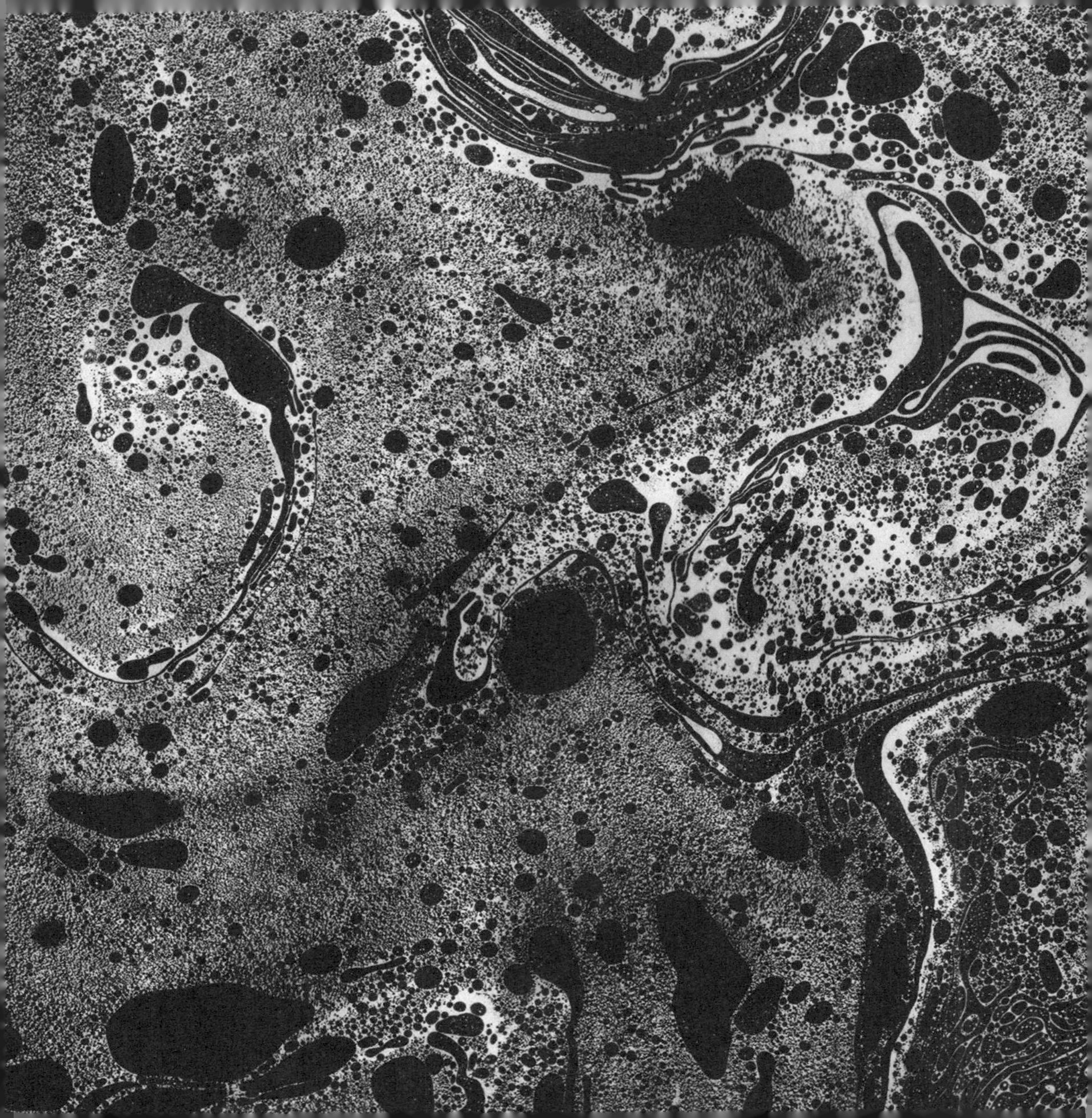

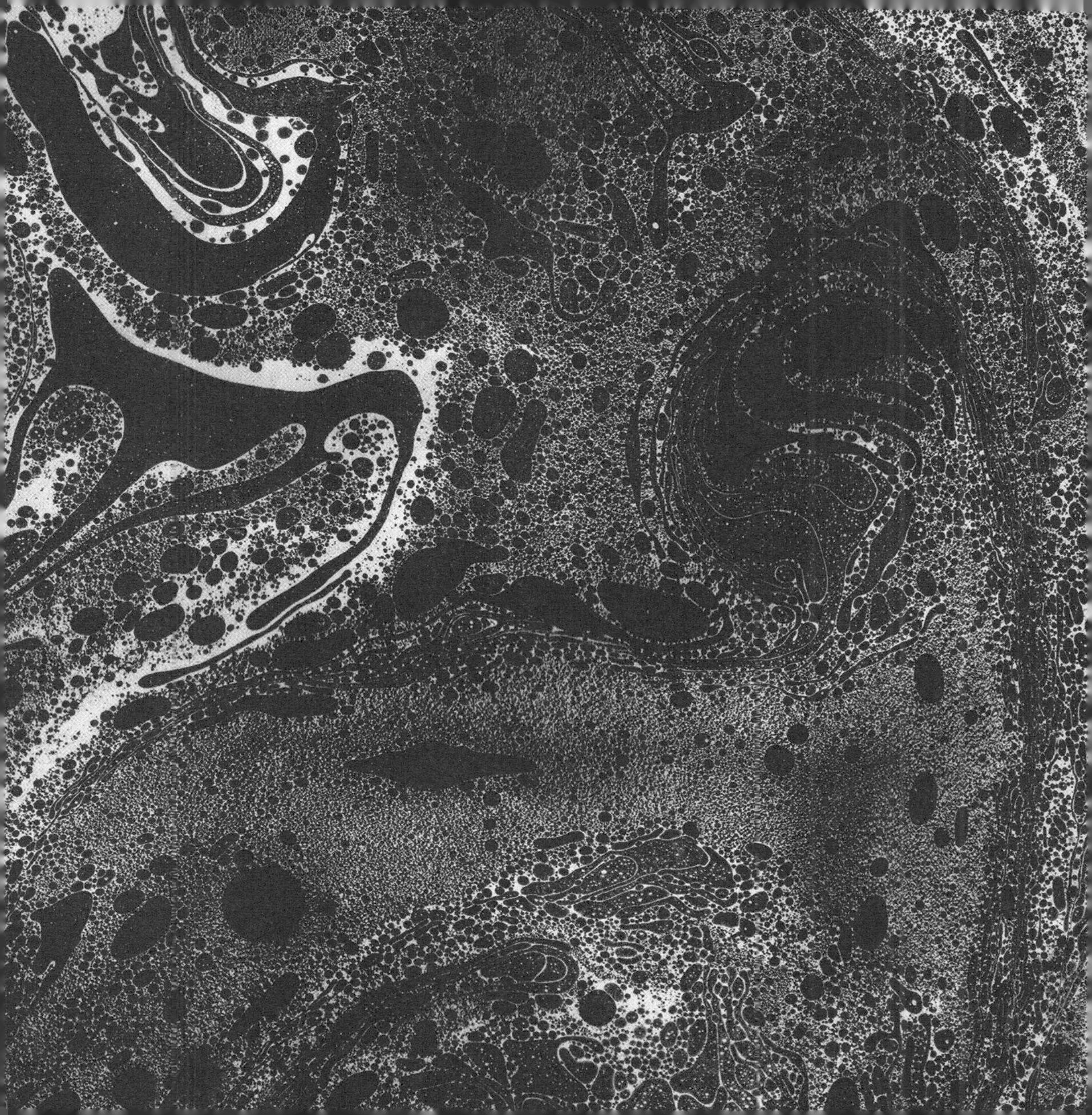

COORDENAÇÃO EDITORIAL **Alice Galeffi**
ASSISTENTE EDITORIAL **Fernanda Cosenza**
PREPARAÇÃO DE TEXTO **Luiza Vilela**
REVISÃO **Luiza Vilela e Mariana Oliveira**
PROJETO GRÁFICO **Manoela Medeiros / Catacrese**

IMAGENS ARTISTAS
Leco de Souza (p.18); Daryan Dornelles (p.20, 28, 56, 78, 80, 92, 94); Adriana Simões (p.22); Caroline Bittencourt (p.24); Leonardo Ramadinha (p.26); Renata Fraga (p.30); Mariana Rolim (p.32); Nina Gaul (p.34); Fernanda Bastos (p.36); Ramon Moreira (p.38); Vitor Souza Lima (p.40); Nelson Faria (p.42); Jorge Bispo (p.44, 74, 120, 124); Arthur Nobre (p.46); Rafaela Amodeo (p.58); Jeovanna Maria (p.60); Ana Alexandrino (p.64, 90, 98); Bruno Prada (p.66); Páprica Fotografia (p.68); Marcos Hermes (p.70); Divulgação (p.72); Filipe Marques (p.76); Estevão Casé (p.82); João Felipe Severo (p.84); Daniel Venosa (p.86); Derek Mangabeira (p.96); Yugo (p.100); Vitor Jorge (p.102); Tomas Rangel (p.104); Maria Luiza Jobim (p.106); Ismar Tirelli Neto (p.108); Rafaê Silva (p.112); Christian Gaul (p.114); Vitor Souza Lima (p.116); Rogério von Kruger (p.118); Rafael Lopes (p.122); Lucas Santos (p.126); Luciano Oliveira (p.128); Thiago Vedova (p.130).

CIP-BRASIL. CATALOGAÇÃO NA PUBLICAÇÃO
SINDICATO NACIONAL DOS EDITORES DE LIVROS, RJ

S676

Som & pausa : vozes da cena contemporânea carioca / organização Fabiane Pereira. - 1. ed. - Rio de Janeiro : Guarda Chuva, 2015.
132 p. : il. ; 17 cm.
ISBN 978-85-99537-39-8
1. Rio de Janeiro (RJ) - Na música. 2. Música brasileira. I. Pereira, Fabiane.

15-20731 CDD: 782.42164
CDU: 78.067.26

06/03/2015 09/03/2015

valentina
Assessoria de Comunicação & Marketing

GUARDA·CHUVA

APRESENTAM

PATROCÍNIO CULTURAL

Vai fundo.
Vai de Submarino.com

APOIO CULTURAL

Este livro foi composto em DIN, fonte
desenhada por Albert Jan-Pool.

Impresso em papel Pólen Bold 90g/m2.